W0170945

> „Das Meer wäscht alle Leiden ab."
>
> Platon (427– 347 v. Chr.)

*Der Autor **Klaus Simon** ist Journalist mit dem Schwerpunkt Frankreich. Während seines Romanistikstudiums hat er einige Zeit im Süden der Bretagne gelebt. Er schreibt für die FAZ und Geo, hat aber auch viele DuMont Reiseführer verfasst.*

*Der heute in Berlin lebende Fotograf **Elan Fleisher** arbeitet schwerpunktmäßig in den Bereichen Reise- und Hotelfotografie. Für den DuMont Bildatlas war er bereits auf Korsika unterwegs.*

Liebe Leserinnen, liebe Leser!

Wer in die Bretagne reist, muss das Meer mögen. Es ist allgegenwärtig. Kein Ort ist weiter als 60 km von der Küste entfernt. Und diese erreicht mit ihren unzähligen Buchten und Halbinseln immerhin die stattliche Länge von 2700 km. Hier bieten Ebbe und Flut ein faszinierendes Naturschauspiel.

Lust auf Meer

Einen Vorgeschmack auf die elementaren Naturgewalten gibt bereits unser Titelbild. Es zeigt einen der westlichsten europäischen Außenposten, den Phare d'Ar Men bei der Ile de Sein. Der Leuchtturm steht auf einem Felsenriff, das selbst bei Ebbe nur 1,5 m aus dem Meer ragt. Wie mag sich der Leuchtturmwärter gefühlt haben, der in vergangenen Jahrzehnten hier seinen Dienst tat, wenn bei Sturmfluten das Meer fast bis zur gläsernen Kuppel des Leuchtturms hinauf spritzte? Aufgenommen wurde das Titelbild übrigens am 8. Februar 2014, als das Orkantief „Ruth" vor der bretonischen Küste wütete. Glücklicherweise erlebt man das Meer aber häufig auch viel friedlicher, etwa bei einer Küstenwanderung zwischen Fels und Watt. Die schönsten Touren präsentiert Ihnen Klaus Simon auf S. 96/97. Ich bin seiner Empfehlung gefolgt und habe bei der Umrundung der Ile de Batz einen perfekten, gar nicht anstrengenden Wandertag erlebt. Für wen das Peanuts sind, der absolviere den gesamten Küstenwanderweg der Bretagne, den GR 34. Aber Achtung, 2000 km fordern ein gewisses Durchhaltevermögen!

Erholung für Körper und Geist

Natürlich muss man sich nicht wandertechnisch verausgaben, um von der positiven Wirkung des Meeres auf Körper und Geist zu profitieren. Auch eine Thalassokur könnte weiterhelfen. Egal, ob in St-Malo, Dinard, Roscoff oder Quiberon (die besten Adressen finden Sie auf S. 34/35) überall gibt es ein hervorragendes Angebot an Thalassotherapien – und das ist weit mehr als das Baden im Meer, dazu gehören auch Algentherapien, Inhalation von zerstäubtem Meerwasser, Aqua-Stretching, Atemgymnastik am Strand, Massage mit Meerwasser und und und ... . Ganz getreu dem Motto von Platon: „Das Meer wäscht alle Leiden ab."
Herzlich

Ihre

Birgit Borowski

Birgit Borowski
Programmmleiterin DuMont Bildatlas

Impressionen

Rennes und der Norden

Côte de Granit Rose

Der Westen

UNSERE FAVORITEN

Best of ...

genießt das Gefühl unendlicher Freiheit. Der alte
Kontinent endet hier am aufbrandenden Atlantik.
Amerika, dem Brest lange seine gut genutzten
Chancen verdankte, ist allenfalls zu ahnen.

Die innere Bretagne

Die Südküste

DuMont
Aktiv

Genießen Erleben Erfahren

Der Südwesten

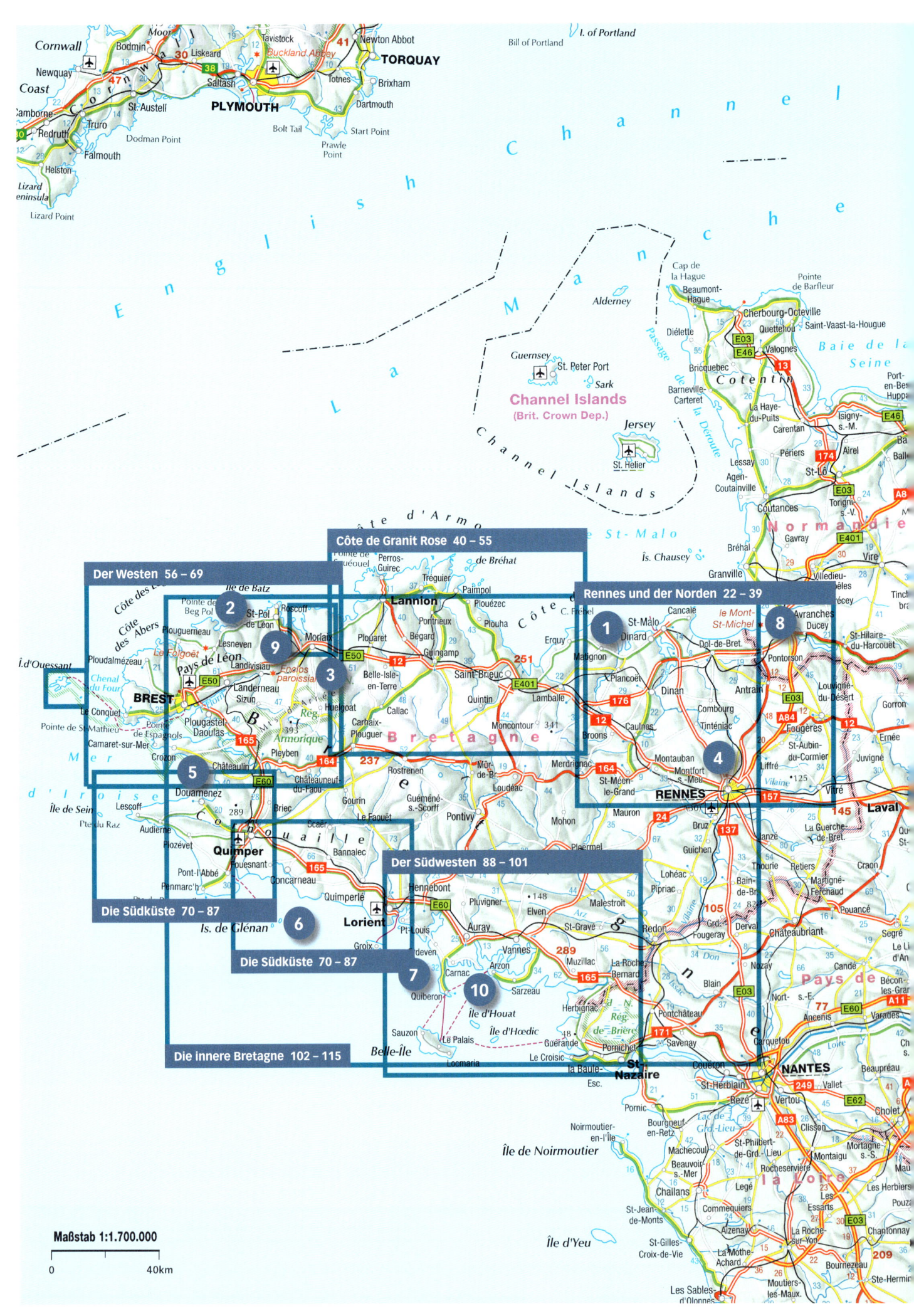

Topziele

Die bedeutendsten Sehenswürdigkeiten der Region und Ereignisse, die keinesfalls versäumt werden sollten, sind auf dieser Seite zusammengestellt und auf den Infoseiten jeweils als TOPZIEL *gekennzeichnet.*

AKTIV

1 Cap Fréhel: Die Wanderung zum gischtumtosten Kap stimmt auf die Nordküste der Bretagne ein: Mehr Tidenhub, mehr Wellengang gehen nicht. **Seite 39**

2 Ile de Batz: Eine Insel im Taschentuchformat, ideal zum Erwandern, und mit allem, was die Bretagne von blühenden Tropenpflanzen bis zu dramatischen Klippen ausmacht. **Seite 67**

3 Monts d'Arrée: Kobolde und der Sensenmann sind auf den von Heidekraut überwucherten Gipfeln und den wildromantischen Wäldern unterwegs. Und Wanderer. **Seite 113**

ERLEBEN

4 Rennes: In Rennes erlebt man hautnah, wie das 21. Jahrhundert im historischen Zentrum Einzug hält. **Seite 37**

5 Douarnenez: Eindrucksvoll ist die Grande Fête des Bateaux schon durch die vielen historischen Boote. **Seite 85**

6 Archipel de Glénan: Pulverfeiner Sand. Ein in allen Blautönen schimmerndes Meer. Der Kontinent ist weit und das Robinsongefühl groß. **Seite 86**

7 Côte Sauvage: Die Halbinsel von Quiberon gibt sich an ihrer Westseite als wahrlich wilde Küstenlandschaft. **Seite 99**

KULTUR

8 Mont St-Michel: Der größte Besuchermagnet der Region ist wieder eine Insel. Der Klosterberg „schwimmt" sich als Wunderwerk des Abendlands erneut frei. **Seite 38**

9 St-Thégonnec: Scharen von in Stein gehauenen Heiligen, Gläubigen, aber auch Sensenmännern, dazu Ochs und Esel bevölkern die Monumente bretonischer Frömmigkeit auf einer Rundreise zu den Enclos paroissiaux. **Seite 67**

10 Carnac: Zu Tausenden reihen sich die Hinkelsteine an der Côte des Mégalithes, deren Hauptort Carnac ist. **Seite 100**

Côte Sauvage –
Küste mit Fallhöhe

....

Fast 2500 Kilometer Küste misst die Bretagne.
Über lange Abschnitte ist die Küste sauvage, wild
– so weit in den Atlantik wagt sich der euro-
päische Kontinent nur selten vor. Dank Küsten-
schutz bleibt die Côte Sauvage unbebaut und
dort, wo die Klippen besonders zerklüftet sind,
auch unzugänglich. Der Atlantik nagt bei jedem
Gezeitenwechsel an ihr. Zieht er sich bei Ebbe
zurück, weiten sich zu Füßen der Klippen Sand-
wüsten. Granitblöcke liegen wie Walrösser im
seichten Wasser.

Mont St-Michel –
Hightech für den Klosterberg

Seit der Zeit, als ihre keltischen Vorfahren „aus dem Dunkel kamen", pflegen die Bretonen ihre kulturellen Besonderheiten. Eine gehörige Portion Eigensinn macht sie gegen Vereinnahmung durch römische Heere oder durch Pariser Technokraten firm. Es ist ein fester Glaube, der Berge versetzt und Inseln dem Meer zurückgibt. So erst jüngst geschehen beim Mont St-Michel. Dank hypermoderner Technik wurde aus dem verlandeten „heiligen Klosterberg" wieder eine Insel. Zugleich wurde ein identitätsstiftendes Kulturdenkmal der Bretagne gerettet.

Sauzon auf Belle-Ile –
Bunt ist das Leben am Meer

....

Lange wandten die Bretonen dem Meer den
Rücken zu. Selbst auf einigen Inseln zog man es
vor, Schafe zu züchten und Kartoffeln anzubauen
statt auf Fischfang zu gehen. Vor Erfindung der
Sommerfrische im 19. Jahrhundert setzte man die
Füße höchstens bei Ebbe ins Wasser, etwa um
Tang zu ernten. Fini. Aus den Bretonen, die das
Meer einst beargwöhnten, sind wagemutige See-
leute geworden. Das Leben am Meer ist zudem
bunt geworden. Nicht nur auf Belle-Ile sind die
Fassaden am Hafenkai in freundlichen Farben
getüncht. Fischkutter leuchten papageienbunt.
Segelschiffe setzen weiße Tupfer auf das Tinten-
blau des Atlantiks. La mer est belle – das Meer ist
schön, heißt es heute.

Concarneau – Folklore fürs Überleben

Das Festival des Filets Bleus in Concarneau gilt als ältestes Folkorefest der Bretagne. Gefeiert wird vor allem eins: der urbretonische Wille, auch in harten Zeiten dem Schicksal zu trotzen. Als die Sardine plötzlich nicht mehr in Riesenschwärmen vor die südbretonische Küste zog, wurden über Nacht die Fischer und Arbeiter in den Konservenfabriken arbeitslos. Künstler und Sommergäste initiierten ein Solidaritätsfest, das nach den blauen Netzen der Sardinenfischer benannt wurde. Es wurde keltische Musik gespielt, Tracht getragen. Bretonische Tänze brachten Einheimische und Sommergäste zusammen. So ist es noch 100 Jahre später, ob in Concarneau oder auf einem der vielen anderen Folklorefeste der Bretagne.

Cherrueix –
Segeln auf See und auf Sand

So tischtuchflach wie in der Bucht des Mont St-Michel ist die Bretagne nirgends. Die von der Ebbe freigelegten festen Sandpisten sind ein Mekka der Strandsegler, eine ihrer Hochburgen ist Cherrueix. Fast jeder Hafenort hat heute einen Jachthafen und eine Segelschule. Für Surfer sind die wogenden Wellen und die verlässlich wehende Brise im Westen Frankreichs ohnehin ein Versprechen. Sportlich gibt sich die Bretagne auch in anderen Disziplinen. Wanderer können sich auf tausenden Kilometern von Wegen verlieren. Mountainbiker bevorzugen die Mittelgebirge im Innern. Reiter sind überall willkommen.

Rennes –
Idyllen zum Verweilen

Der Tourismus in der Bretagne hat längst nicht mehr nur die Küste im Visier. Besonders die intakten, über die Jahrhunderte gewachsenen historischen Stadtbilder ziehen Reisende heute an. Wie in der Altstadt von Rennes wurden in den vergangenen Jahrzehnten auch in Quimper, in Dinan oder in Vannes Fachwerkfassaden saniert und verkehrsumtoste Plätze in nun Flaneuren und Radfahrern vorbehaltene Orte umgewidmet. Auf einer Terrasse zu verweilen, den Blick auf zauberhafte Baudenkmäler gerichtet, auch das ist ein Grund, in die Bretagne zu reisen.

Die stimmungsvollsten Kleinstädte

Die Seele der Bretagne

Abseits der großen touristischen Routen bewahrt die Bretagne ihre Seele. In vielen charmanten Kleinstädten scheint Beton ein Fremdwort zu sein. In Locronan etwa musste Regisseur Roman Polanski nur die Stromkabel in die Erde verlegen lassen, um seinen Film „Tess" zu drehen – der im Südengland des Viktorianischen Zeitalters spielt.

1 Moncontour – Ein bisschen Spaß muss sein

Eine schulterbreite Stiege heißt Venelle des Hautes-Folies (Stiege der hohen Verrücktheiten), eine andere Hors-Voie (Abseits der Spur). Der Kirchturm ist ein skurriles Gebilde in Glockenform. Die originellen Ladenschilder stammen vom lokalen Künstler Gilles Bizien. Mittelalterfest, Straßenkunstfestival, Konzerte im privaten Denkmal sind Veranstaltungen, die dafür bürgen, dass Moncontour von musealer Starre weit entfernt ist.

Information: Office de Tourisme du pays de Moncontour, 4, Place de la Carrière, F-22510 Moncontour, Tel. 02 96 73 49 57, www. tourisme-moncontour.com

2 Quintin – Unvollendet schön

Von der Burg aus dem 12. Jh., die auf einem Fels über dem Tal des Gouet thronte, blieb nur ein massiver Turm. Das Schloss, das Henriette de la Tour d'Auvergne 1645 an selber Stelle errichten lassen wollte, wurde nie vollendet. Erst 1775 entstanden die Bauten im Nordhof. Es ist genau diese Mischung, die den Charme von Quintin ausmacht. Die ehemalige Hochburg der bretonischen Leinenweber weist an der Place du Martray und in der Rue St-Thuriau etliche weitere feudale Bauten auf – Leinen war der Stoff, aus dem in der Bretagne die reiche Seite der Geschichte gewoben wurde.

Information: Office de Tourisme, 6, Place 1830, F-22800 Quintin, Tel. 02 96 74 01 51 www.quintin.fr

3 Guerlesquin – Ein Platz für jeden Markt

Händler und Kaufleute haben das heute 1400 Einwohner zählende Städtchen am Schnittpunkt der Bistümer Léon und Cornouaille groß gemacht. Wie umtriebig es vor gotischen Portalen, Renaissance-Erkern und dem Présidial, dem von Türmchen geschmückten einstigen Gefängnis, einmal zugegangen ist, zeigt sich noch immer montags in der Markthalle auf der Place La Cohue und beim mehrmals in der Woche abgehaltenen Marché aux Cadrans, dem Rindermarkt. Stolzester Platz aber bleibt die Place Prosper Proux mit ihren herrschaftlichen Granitfassaden.

Informationen: Maison de Tourisme – Baie de Morlaix, Monts d'Arrée, 10, Place Charles de Gaulle, F-29600 Morlaix, Tel. 02 98 62 14 94, www. tourisme.morlaix.fr

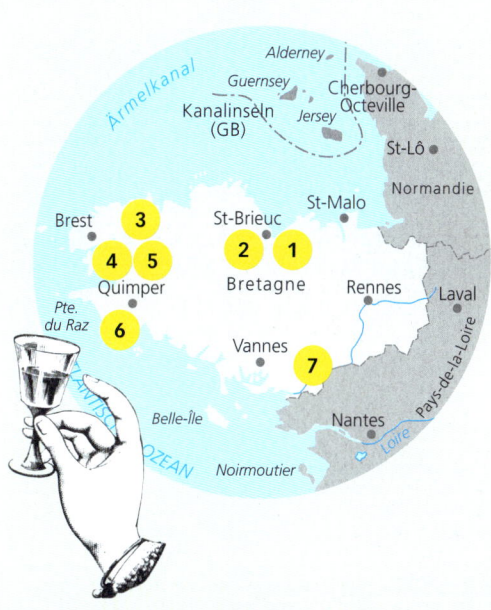

⑤ Locronan – Drehort zum Verweilen

Falls das eine oder andere Haus, eine Gasse, die bläulich schimmernde Granitmasse der Pfarrkirche St-Ronan bekannt vorkommt – richtig, aus dem Kino. Philippe de Broca hat in Locronan „Les Chouans" mit Sophie Marceau und Philippe Noiret gedreht, Roman Polanski „Tess" mit Natassia Kinski. Denn die Kulisse des ehemaligen Kaufmannsstädtchens ist so umwerfend, dass man nur bleiben möchte.

Information: Office de Tourisme, Place de la Mairie, F-29180 Locronan, Tel. 02 98 91 70 14, www. locronan-tourisme.com

⑥ Pont-Croix – Steinernes Schmuckstück

In Pont-Croix endet der 6 km lange, gezeitenabhängige Mündungstrichter des Goyen. Dass Schiffe einst bis hierher den Fluss hochfuhren, dokumentieren die Kais, von denen die steile Grande-Rue-Chère auf die Place de la République führt. Am Hauptplatz zieht das filigrane Südportal von Notre-Dame-de-Roscudon Aufmerksamkeit auf sich: Das Dekor aus in Stein gehauenen Rosetten ist umwerfend schön.

Information: Office de Tourisme, Rue Laënnec, F-29790 Pont-Croix, Tel. 02 98 70 40 38, www. pont-croix.fr

⑦ La Roche-Bernard – Attraktive Vilaine

Als Festungsstadt geplant, thront La Roche-Bernard auf einem Fels oberhalb der Vilaine. Zentrum ist die dreieckige Place du Bouffay mit ihren Bürgerpalais im Renaissance-Stil. Vom Platz fällt eine kaum autobreite Gasse zum alten Flusshafen hinab, wo statt einstiger Lastkähne heute eine Armada von Segeljachten auf der Vilaine dümpelt.

Information: Office de Tourisme, 14, Rue du Docteur Cornudet, F-56130 La Roche-Bernard, Tel. 02 99 90 67 98, www.tourisme-arc-sud-bretagne.com

④ Le Faou – Schieferschindeln gegen Salz

Das schönste Hafenstädtchen in der Reede von Brest? Le Faou! Stolz ragt die Renaissancekirche St-Sauveur am Mündungstrichter des Ria Steir Goz empor. Imposant reihen sich an der Hauptstraße, den Kais und dem Rathausplatz Fachwerk- und Giebelhäuser aus dem 16. Jh., deren Fassaden mit Schieferschindeln bedeckt sind. Die Nähe zum Meer und die zerstörerischen Kräfte der Salzluft machen diesen Schutz nötig. Apropos Meer: Bei Ebbe breitet sich am Ria Steir Goz (bretonisch für „alter Fluss") eine bis zu 4 km breite Schlickwüste aus, ein Bild surrealer Schönheit.

Information: Office de Tourisme de l'Aulne Maritime au Faou, 39, Rue du Général de Gaulle, F-29590 Le Faou, Tel 02 98 81 06 85, www.cc-aulne-maritime.fr

Bollwerke, Klippen und Buchten

Mit der Bucht des Mont St-Michel beginnt die Bretagne als endlose Weite, fast so flach wie der Meeresspiegel. Nur wenige Kilometer westlich türmen sich erste Klippen. Im Landesinnern schützten Festungsstädtchen die Bretagne einst vor dem französischen Nachbarn. Vergangenheit – seit knapp 500 Jahren gehört die Bretagne zu Frankreich. Rennes, seither die Hauptstadt, überrascht als architektonischer Mix aus bretonischem Fachwerk, barocker Pracht und futuristischem Beton.

Zum Marschland gehören auch in der Bretagne Schafe,
und wo Schafe gehalten werden, sind Border Collies nicht weit

Nach einem Groß-
brand 1994 wurde
Rennes barockes
Parlement de
Bretagne original-
getreu wiederauf-
gebaut

Rennes war lange als
provinziell und eher
langweilig bekannt.
Heute bestimmen junge
Menschen das Stadtbild
– auch dank der beiden
1969 gegründeten
Universitäten.

Nur eine halbe Stunde braucht man von Rennes bis an die frühere Ostgrenze des Herzogtums. Auch die Grenzen der heutigen Verwaltungsregion Bretagne verlaufen auf ungefähr gleicher Höhe. Bis nach Brest im tiefen Westen der Bretagne ist es hingegen fast eine Tagesreise. Warum also Rennes als Hauptstadt?

Nantes, die jahrhundertelange Rivalin um den Titel, war bereits im 16. Jahrhundert mit dem Tod des letzten Herzogs der Bretagne aus dem Rennen. 1561 zog das Parlament der Bretagne nach Rennes und damit näher an die Zentralmacht in Paris. Als bei der regionalen Neuordnung Frankreichs in den 1960er-Jahren Nantes die Kapitale der neuen Region Pays de la Loire wurde, blieb Rennes die Hauptstadtrolle für die Region Bretagne. Bei der neuerlichen Regionalreform Frankreichs, jüngst umgesetzt, bleibt die Bretagne als eine der wenigen Regionen in ihrer territorialen Einheit unangetastet – mit Rennes als Hauptstadt.

Nach dem Brand: Barock!
Ein Großfeuer zerstörte 1720 weite Teile der mittelalterlichen, durch Tuchherstellung und überseeische Handelsverbindungen wohlhabend gewordenen Fachwerkstadt. Rennes' Wiederauferstehung brachte Sichtachsen und repräsentative Plätze. Straßenzüge wirken wie mit dem Lineal gezogen. Fassaden leuchten honiggelb und üben sich in spätbarockem Gleichmaß, das der königliche Architekt Jacques Gabriel der Stadt verordnet hatte. An der Place du Palais reihen sich Arkaden.

Ein hoheitsvoller Bau beherrscht das Geviert. Das Parlement de Bretagne diente den Generalständen einst als Versammlungsort; hier trafen sich die Vertreter des Adels, der Kirche und der Bürger und Bauern, um über königliche Anliegen zu beraten. Heute fungiert der frühbarocke Bau als Justizpalast. Der perfekte Zustand darf nicht verwundern. 1994 wurde das Parlement durch eine von demonstrierenden Fischern gezündete

Rennes' Place de la République wird vom mächtigen Bau des Palais du Commerce bestimmt (links). Es entstand historisierend Ende des 19. Jahrhunderts und in den 1920er-Jahren

Die Place du Champ-Jacquet erinnert mit ihren Fachwerkbauten aus dem 17. Jahrhundert an Rennes' frühere Zeiten großen Wohlstands (oben)

Rennes hat auch eine moderne Seite: Métro-Station La Poterie, von Sir Norman Foster entworfen und 2002 fertiggestellt (Mitte links). Die Rue de Penhouët bietet gemütliche Altstadt-atmosphäre (unten)

Leuchtrakete in Brand gesetzt – und sieht sich heute originalgetreu wieder aufgebaut.

Viele Probleme, viel Charme

Die Rue St-Michel ist in den letzten Jahren in Verruf geraten. Die bekannteste Thekenmeile der Altstadt bekam nach wiederholten Schlägereien sogar eine Polizeistation vor ihr herausgeputztes Fachwerk gesetzt. Es geht auch beschaulicher. In der Rue de la Psalette Nr. 8 verzaubert ein Innenhof mit Magnolien, Kamelien und Holzgalerie aus der Renaissance. Auch die Rue du Chapitre lässt mit spätgotischem Fachwerk noch ein Stadtbild wie vor dem großen Brand aufleben. Doch schon ein paar Gassen weiter sacken in der Rue St-Georges Fachwerkkaten zusammen. Eine Sanierungskampagne soll Abhilfe schaffen – ihr Motto: „Eine Wohnung mit Stil für einen Bewohner mit Stil."

Rennes tut alles, sein eher betuliches Image dauerhaft abzustreifen – moderne Architektur spiegelt dieses Bemühen überall in der Stadt.

Junges Rennes

63 000 Studenten sorgen für Schwung in der Stadt. Gut so, denn Rennes hat viel vor. 430 000 Einwohner, mehr als doppelt so viele wie heute, sollen die Stadt des 21. Jahrhunderts bevölkern. Bis dahin wird geklotzt. Der Bau einer neuen Metrolinie verwandelt Teile der Altstadt auf Jahre in eine Großbaustelle – 30 Stationen sollen es nach 2019 sein. Bei der Wahl der Architekten können die Namen nicht groß genug sein. Sir Norman Foster wurde für die Metrostation La Poterie verpflichtet. Jean Nouvel hat einen gläsernen Luxusappartementriegel

Auch Vitré gehörte zu den Grenzfesten der Bretagne; seine Ville close, teilweise noch von einer Stadtmauer umgeben, erinnert an mittelalterlich anmutende Bilder (oben). Heute lässt sich im Park von Rochers-Sévigné entspannt golfen; das immer wieder umgebaute Château liegt südlich vor den Toren von Vitré (Mitte und unten)

Fougères' Unterstadt drängt sich um das mittelalterliche Château

Dinans Vieux Pont, die alte Steinbrücke in der Unterstadt über die Rance

In der Grande Rue herrscht immer großer Besucherandrang (links). Schon ruhiger wird es vor dem Anstieg zum Kloster des Mont St-Michel nahe der nördlichen Bastion (rechts)

Meist sehr still ist es oben im Kreuzgang, der Raum für Einkehr und Besinnung

Viele Besucher des Mont St-Michel zieht es erst einmal in eines der Restaurants an der Grande Rue – wie das „La Vieille Auberge" mit seiner Terrasse

Blick über das Marschland auf Mont St-Michel, Gottesburg und im
Hundertjährigen Krieg von den Engländern lange belagerte Festung

Mont St-Michel

Wasser marsch!

Special

Die Renaturisierung der Bucht des Mont St-Michel ist ein Projekt von pharaonischen Ausmaßen. In fast zehnjährigen Bauarbeiten wurde der Klosterberg von Parkplätzen und Deichstraße befreit. Für den Rest soll das Meer sorgen.

Von 1879 bis 2014 verband eine Deichstraße den Mont St-Michel mit dem rechten Ufer der Couesnant-Mündung, behinderte Ebbe und Flut. In der Folge versandete der Klosterberg. 2004 begannen die Gegenmaß-

nahmen mit dem Ziel, den Mont St-Michel wieder zu einer Insel zu machen. In einem ersten Bauabschnitt wurde eine neue Brückenschleuse gebaut, um den Fluss so regulieren zu können, dass der Couesnant wie ein Reinigungsstrahl die Bucht freispült. Später wurden die 15 Hektar großen Parkflächen am Fuß der Klosterinsel abgetragen. Bis 2014 folgte als letzter Schritt das Abtragen der Deichstraße. Als Ersatz dient ein hypermoderner, ökologisch korrekt mit Holz verkleideter Busshuttle, der Besucher vom Parkplatz auf dem Festland zum Klosterberg bringt. Fast geräuschlos surrt man über die auf Pfeilern in der Bucht ruhende, 900 Meter lange neue Brücke. Oder geht zu Fuß über den mit Holzbohlen belegten Weg parallel zur Fahrbahn. Bis 2020 sollen 80 Prozent der angelagerten Sedimente weggespült sein. Weitere fünf Jahre später hofft man, den Urzustand der Bucht erreicht zu haben.

ans rechte Ufer der Vilaine gepflanzt. Mit dem Kulturzentrum Les Champs Libres wurde das gesichtslose Viertel auf dem rechten Ufer des Flusses von Christian de Portzamparc in Szene gesetzt. An der Place Ste-Anne wandelt sich das ehemalige Jakobinerkloster in ein hypermodernes Kongresszentrum. Vor dem FRAC, dem futuristischen Zentrum für zeitgenössische Kunst an der Avenue André Mussat, erinnert ein Wald aus monumentalen Granitstelen an die Menhiralleen von Carnac.

Bollwerke und Dichterschlösser

Mit Festungsstädten versuchten die Herzöge der Bretagne die Grenze zum Anjou und zur Normandie zu schützen. Vergeblich. Fougères wurde trotz trutziger Burg mehrfach zerstört, schließlich 1488 von der französischen Armee eingenommen. Victor Hugo hat die Stadt trefflich beschrieben: „Stellen Sie sich einen Löffel vor, das ist die Burg, sein Stiel die Stadt. Verbinden Sie Burg und Stadt, drehen das Ganze um und legen es mit dem Stiel nach oben zeigend hin, schon haben Sie Fougères."

Auch Vitré sollte die Grenze sichern. Heute halten Schafe das Gras im Burggraben kurz. Als einzige Bedrohung bleibt der Einwohnerschwund, dem Vitré mit einer vorbildlich sanierten Altstadt

Wehrhafte Festungs-
mauern zeigt St-Malo
bis heute – hier der
Blick von Dinard über
die Rance-Mündung

Der eindrucksvolle Tidenhub an der Nordküste der Bretagne sorgt bei Ebbe für Strände von schier endloser Weite.

und der Ansiedlung mittelständischer Unternehmen Paroli bieten will.

Südlich von Vitré führt der Circuit „Au Pays de Madame de Sévigné" zum Château des Rochers-Sévigné. Im gotischen Herrenhaus griff die ewig unter Geldnöten leidende Marquise de Sévigné oft zur Feder. Die heute literarisch geschätzten Briefe an die in der Provence verheiratete Tochter beinhalteten neuesten Klatsch und Modetorheiten vom Pariser Hof Ludwigs IV. Ein Jahrhundert später hat François-René de Chateaubriand das Schloss seiner Kindheit in Combourg nicht sonderlich geliebt. Nachzulesen im Hauptwerk des Politikers, Diplomaten und vor allem Schriftstellers, den „Mémoires d'outre-tombe". Sein Schreibtisch, sein Lieblingssessel und sein Sterbebett gelangten nach Chateaubriands Tod dennoch aus Paris hierher.

Launiger Grenzfluss

„Le Couesnan dans sa folie, a mis le Mont St-Michel en Normandie", lehrt ein Sprichwort: Aus einer Laune heraus hat der Couesnan den Mont St-Michel in die Normandie verlegt. Der Fluss markiert die Grenze zwischen der Normandie und der Bretagne. In Jahrtausenden hat er seinen Lauf mehrmals geändert. Darum liegt der Mont St-Michel heute in der Normandie.

Der weitaus größere Teil der Bucht des Mont St-Michel blieb aber in der Bretagne. Somit auch Cancale, wo Austernbänke bei Ebbe ein abstraktes Muster auf den tischtuchflachen Meeresboden zeichnen. Speziell die flachen Belon-Austern begründeten den Ruf von Cancale. Aber auch die dickbauchigen Huîtres creuses schmecken kaum nach Salz, sondern aromatisch nach Jod und Algen – so, wie es in der Bucht des Mont St-Michel bei Ebbe riecht.

Drei Städte, drei Welten

Côte d'Eméraude, Smaragdküste, nennt sich der von Steilklippen, schwindelerregenden Kaps und goldfarbenen Sandstränden gesäumte Küstenabschnitt zwischen der Pointe du Grouin und dem Cap Fréhel. Der wichtigste Hafen am in allen Grüntönen changierenden Atlantik ist St-Malo. Elegante Reeder- und Korsarenpalais hinter Festungsmauern bilden das Herz der von drei Seiten von Wasser umspülten Altstadt, genannt intra muros. Mit königlicher Duldung rückten von hier die gefürchteten Korsaren aus, um mit Kaperschiffen die Meere unsicher zu machen. Geschützt von dicken Mauern, trotzte St-Malo jedem Gegenangriff. Gegen den verheerenden Bombenhagel der Alliierten, die bei der Vertreibung der deutschen Besatzer 80 Prozent

Dinard hat sich einen Hauch
feudaler Sommerfrische erhalten
können (links). Abseits der Plage
findet sich aber auch hier eine
naturbelassenere Strandszenerie
(Mitte links)

Cancale zeigt sich eng verbunden mit den
Meeresbewohnern – als Hochburg der Austernzucht, als Ausgangspunkt zur Beobachtung der
Delfine in der Bucht des Mont St-Michel oder in
seinen Restaurants, wo sich die Meeresfrüchte
schon einmal hoch auftürmen können

Die weiten Strände in der Bucht von Mont St-Michel eignen sich vor allem bei Ebbe hervorragend
zum Strandsegeln – hier bei Le Vivier-sur-Mer

Das St-Malo landseitig vorge-
lagerte Bassin Vauban am Quai
St-Vincent dient heute auch als
Jachthafen. Hinter der Befestigung
ragt der Turm der Kathedrale
St-Vincent auf, im 12. Jahrhundert
begonnen und erst 700 Jahre
später vollendet

Der Burg von St-Malo benachbart, lockt die Place Châteaubriand
mit einer gastlichen Stätte an der anderen

Die mächtige Toranlage der Grande Porte wurde 1582 errichtet und öffnet St-Malo zur Grande Rue, der einstigen Hauptstraße

Bei Ebbe ist das Fort National zu Fuß erreichbar. Der legendäre Festungsbaumeister Vauban ließ die Vorbefestigung 1689 errichten

St-Malo war nicht nur Heimathafen gefürchteter Freibeuter, von hier aus wurde auch 1534 Kanada für Frankreich entdeckt

der Bauten intra muros in Schutt und Asche legten, hatte die Korsarenstadt jedoch keine Chance. Beim Wiederaufbau schluchtenenger Gassen und stolzer Giebel wurden 33 Palais exakt kopiert, der Rest im Geist der zerstörten Vorbilder rekonstruiert.

Die Mündung der Rance trennt die Korsarenhochburg auf dem rechten von Dinard auf dem linken Ufer. Mondäne Villen, in denen im 19. und frühen 20. Jahrhundert europäischer Adel und internationaler Geldadel verkehrten, übertrumpfen sich bei der dramatischen Lage auf den Klippen oder bei der Höhe von Türmen und Kaminen. Die Bäderstadt, die ab 1850 aufstieg, steht heute unter Denkmalschutz. In Boutiquen wird madamiger Chic gepredigt. Cafés versprühen gestrigen Charme. Lebendiger wirkt da Dinan, Nummer 3 im Städtetrio an der Rance-Mündung. Die mittelalterliche Hafenstadt liegt eine halbe Autostunde flussaufwärts am linken Ufer. Im alten Hafen ankert eine kleine Armada von Hausbooten. Von der Steinbrücke aus dem 15. Jahrhundert windet sich die Rue du Petit Port ins zauberhafte Zentrum hoch. 75 Meter über der Rance empfängt Dinan mit stolzem Fachwerk, schiefem Kopfsteinpflaster, wuchtigen Toren. Doch vom Musealen keine Spur. Dinan trotzt mit belebten

Plätzen und flotten Cafés der Gefahr, zum Freilichtmuseum zu degenerieren. Lovely finden das die vielen Besucher, unter denen die Briten den Ton anzugeben scheinen.

Kraft der Gezeiten
Rekordverdächtige 14 Meter und mehr beträgt der Tidenhub an der hiesigen Küste. Der Unterschied zwischen Scheitelpegel der Flut und dem niedrigsten Wasserstand bei Ebbe setzt enorme Kräfte frei. Mit dem Gezeitenkraftwerk in der durch einen Damm abgeriegelten Rance-Mündung wurden diese Kräfte weltweit erstmals zur Energiegewinnung genutzt. Die Usine marémotrice speist seit 1967 Strom ins Netz ein und erzeugt jährlich 540 Gigawattstunden – was dem Energiebedarf von Rennes entspricht. Der Staudamm aber führte zur Verlandung der Flussmündung. Zudem nahm der Salzgehalt des Wassers ab, was viele Fischarten vertrieb. Man arbeitet daher an neuen Techniken zur Nutzung der Gezeitenkräfte, die ohne Staudamm auskommen. Seit 2012 wird vor der Küste bei Brest eine Gezeitenströmungsturbine getestet, die gewonnene Energie über ein 15 Kilometer langes Kabel zur Netzstation auf dem Festland geliefert. Und das bisher ohne umweltschädliche Nebenwirkungen.

Gute Adressen für Thalassokuren

Das Meer wäscht alle Leiden ab

Thalasso nannten die Griechen der Antike das Meer. An über einem Dutzend Orten der bretonischen Küste taucht das Wort wieder auf. Denn die Bretagne ist die Wiege der sogenannten Thalassotherapie. Deren Credo lieferte Platon: „Das Meer wäscht alle Leiden ab."

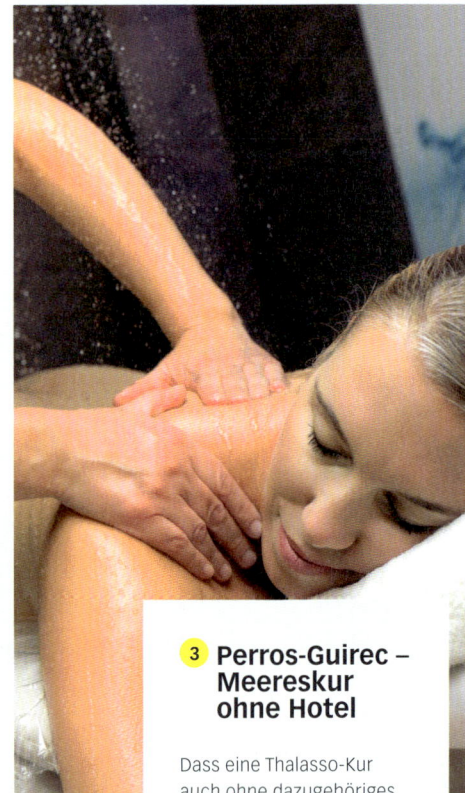

3 Perros-Guirec – Meereskur ohne Hotel

Dass eine Thalasso-Kur auch ohne dazugehöriges Hotel funktioniert, beweisen Les Thermes Marins. Zwar kann man die Anwendungen auch in Kombination mit einem Hotel buchen, doch sich in Algen einwickeln lassen, gegen die Gegenstromanlage schwimmen, Hydromassage oder Aquagym funktionieren auch so.

Centre de Thalassothérapie, Service Réservation, Boulevard Joseph Le Bihan, F-22700 Perros-Guirec, Tel. 02 96 23 28 97, www.thermes marins-perros.com

1 St-Malo – Retrocharme und sechs Pools

Von außen erscheint das „Grand Hôtel des Thermes" am Strand von Paramé nur als ein Belle-Époque-Koloss unter vielen anderen. Vornehm bleich die Fassade, die Fenster mit Sprossen, die Lage Pieds dans l'Eau, mit den Füßen im Wasser also. Im Centre de Thalasso des Hotels aber locken allein sechs Meerwasserpools, einmal ganz zu Schweigen von Massagekabinen oder Starkstrahlduschen.

Le Grand Hôtel des Thermes, Grande Plage du Sillon, 100, Boulevard Hébert, F-35400 St-Malo, Tel. Rezeption 02 99 40 75 75, www.le-grand-hotel-des-thermes.fr

2 Dinard – Mit Diätrestaurant

Die Kur im „Novotel Thalassa" folgt trotz des entschieden modernen Rahmens bewährten Rezepten: Jacuzzi, zerstäubtes Meerwasser inhalieren, Rückenschule, Algentherapie, Aqua-Stretching, Yoga, Atemgymnastik am Strand bestimmen die Wellness-Dramaturgie. Apropos Rezepte: Im Restaurant wird kalorienarm gekocht. Denn Gewichtsreduzierung ist immer eines der Ziele der Thalassotherapie.

Novotel Dinard Thalassa Sea & Spa, 1, Avenue du Chateau Hébert, F-35800 Dinard, Tel. 02 99 16 78 10, www.accorthalassa.com

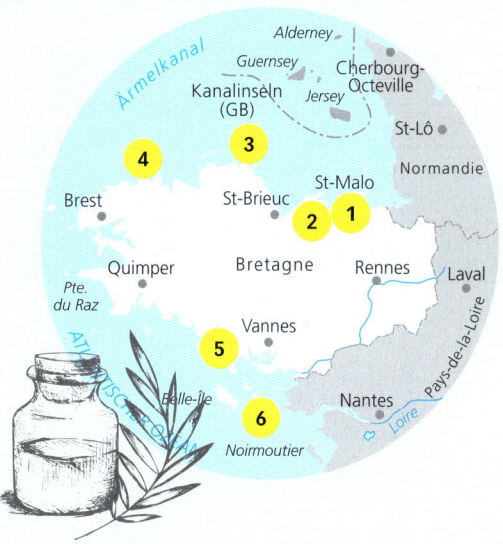

4 Roscoff – die Wiege der Seekur

Lange bevor die moderne Thalassotherapie erfunden wurde, praktizierte man in Roscoff die Massage mit Meerwasser. Palper rouler heißt die geschützte Methode, die hier 1899 erstmals zur Anwendung kam. Im modernen Thalasso-therapie-Zentrum wird sie noch immer verwendet.

Thalasso.com, Rue du Coulinec, CS30004 Treboul, F-29177 Douarnenez cedex, Tel. 02 52 56 00 11, www.thalasso.com

5 Quiberon – Vom Radprofi zum Thalasso-Pionier

Es war einmal ein Radfahrer aus der Bretagne, der die Tour de France 1953, 1954 und 1955 gleich dreimal in Folge gewann. Dann erlitt er 1961 einen schweren Autounfall, dessen Folgen er mit einer Kur am Meer zu lindern versuchte und konnte. Bald genesen, schuf Louison Bobet (1925–1983) zusammen mit seinem Bruder unter anderem in Quiberon in spektakulärer Lage das erste moderne Thalasso-zentrum der Bretagne, ach was: der Welt! Das gibt es noch immer und zwar unter dem Namen „Sofitel Thalassa".

Sofitel Quiberon Thalassa Sea & Spa, Boulevard Louison Bobet, F-56170 Quiberon, Tel. 02 97 50 46 01, www.sofitel.com

6 Belle-Ile – Nobelkur

Nobel geht die Welt im „Castel Clara" an der Côte Sauvage von Belle-Ile ins Sprudelbad. Das Haus ist Mitglied bei der Luxushotel-Vereinigung Relais & Châteaux. Der beheizte Meerwasseraußenpool hat entsprechend olympiareife Maße. Und nach der Behandlung geht es auf die Liege mit Blick auf den Naturhafen Port Goulphar oder auf den über 50 m hoch aufragenden Leuchtturm Phare de Goulphar, der die Schifffahrt seit 1882 vor den hiesigen Klippen warnt, die sehr zu einem Spaziergang verlocken. Eine rundherum gelungene Umgebung für eine Auszeit.

Le Castel Clara, Restaurant et Thalassothérapie, Goulphar, F-56360 Bangor, Tel. 02 97 31 84 21, www. castel-clara.com

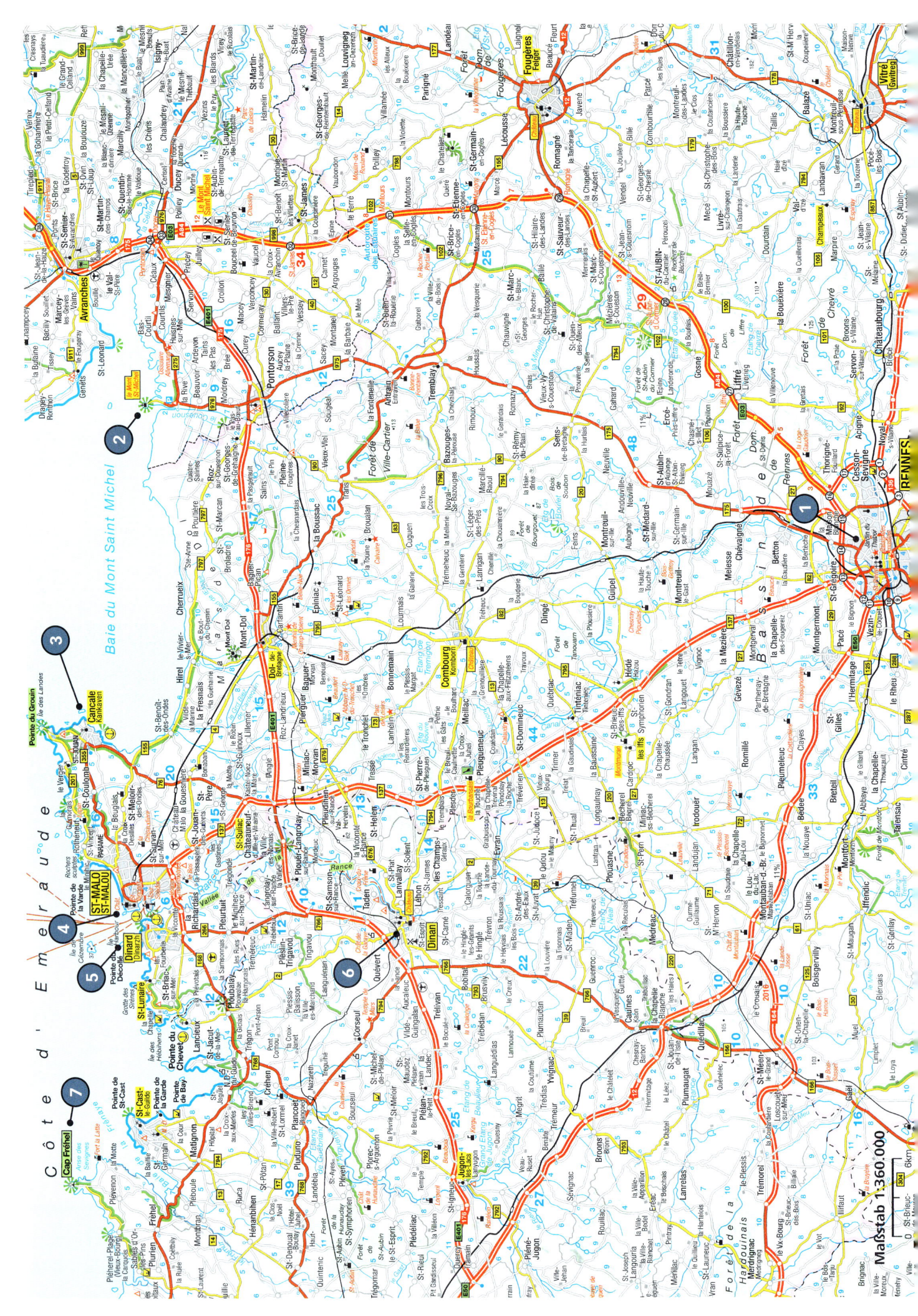

Klippen und Weltwunder

Mit dem Mont St-Michel fällt der Bretagne im äußersten Nordwesten ein Weltwunder vor die Grenze, das zugleich ein Besuchermagnet ersten Ranges ist. Weitere Rekorde gefällig? Bei St-Malo ist der Tidenhub so kräftig wie sonst nirgends in Europa, und das Cap Fréhel ist eines der dramatischsten der gesamten Bretagne.

 Rennes

Streng und gradlinig empfängt die bretonische Hauptstadt (214 000 Einw.) seine Besucher. Zum ersten Eindruck trägt die kanalisierte und zum Teil überdeckelte Vilaine bei. Nördlich des Flusses bestätigt herrschaftlich kühle Architektur des Ancien Régime diesen Eindruck. Entschieden modern wird das Stadtbild südlich der Vilaine. Wo die Bomben des Zweiten Weltkriegs große Schäden angerichtet haben, entsteht heute die Stadt des 21. Jh.

SEHENSWERT

Mittelpunkt der **Altstadt** TOPZIEL ist die **Place de la Mairie** mit zweiflügeligem Rathaus (1743) und Oper (1831) auf der gegenüberliegenden Seite. Das **Parlement de Bretagne** wurde 1618 bis 1655 errichtet; gewaltige Säle, vergoldeter Stuck und kostbare Kassettendecken sind beeindruckend (Führungen über Office de Tourisme). An der **Place des Lices** blieb ein Stück Stadtmauer erhalten. In der Platzmitte stehen zwei um 1865 gebaute Markthallen; Sa. lebt der Platz zu einem der größten Wochenmärkte Frankreichs auf. An den Chor der neoklassizistischen **Kathedrale**

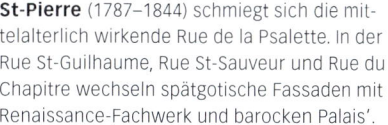

Rennes' Place de la Mairie mit dem Rathaus (links). Buntes Angebot einer Crêperie (rechts oben). Parlement de Bretagne (rechts unten)

Tipp

Rennes' Trans Musicales

Björk (1988) und Stromae (2010) haben auf den Trans Musicales erste Bühnenauftritte absolviert. Hinter dem Rock-, Pop-, Technofestival Anf. Dez. steht ein bretonisches Urgestein. Jean-Louis Brossard kam 1953 in St-Brieuc zur Welt, fand Rennes als Student „verschlafen" und beschloss, die Stadt musikalisch zu beleben. 1979 veranstaltete Brossard das erste Festival. Der Erfolg kam schneller als Ebbe und Flut. 2005 gingen die Trans Musicales auf Auslandstournee bis nach China. Heute gilt das Festival als einer der wichtigsten Trendbarometer der weltweiten Musikszene.

INFORMATION
auf www.lestrans.com

St-Pierre (1787–1844) schmiegt sich die mittelalterlich wirkende Rue de la Psalette. In der Rue St-Guilhaume, Rue St-Sauveur und Rue du Chapitre wechseln spätgotische Fassaden mit Renaissance-Fachwerk und barocken Palais'.

MUSEEN

Das **Musée de Bretagne** zeigt Kirchenschätze und Kunstwerke aus Schlössern und Herrensitzen. Das Museum gehört zum Kulturzentrum Les Champs Libres mit der städtischen Bibliothek (10, Cours des Alliés, www.leschampslibres.fr; Di. 12.00–21.00, Mi.–So. 14.00–19.00 Uhr). Das **Musée des Beaux-Arts** präsentiert Malerei, Zeichnungen, Stiche und Skulpturen des 14. bis 19. Jh. (20, Quai Emile-Zola, www.mbar.org; Di. 10.00–18.00, Mi.–So. 10.00–12.00 und 14.00–18.00 Uhr).

HOTEL UND RESTAURANT
Zentral und doch ruhig liegt das € € **Hôtel Nemours** (5, Rue de Nemours, Tel. 02 99 78 26 26, F-35000 Rennes www.hotelnemours.com). Kreative Regionalküche gibt es im € € **Le Cours des Lices** (18, Place des Lices, Tel. 02 99 30 25 25; So. und Mo. geschl.).

UMGEBUNG
Combourg (40 km nördl.) ist eine nette Landpommeranze mit umtriebigem Montagsmarkt.

Besuchermagnet ist das Château (www.chateau-combourg.com; Führungen Juli und Aug. tgl. 10.45, 11.30 und 14.00–17.00, April bis Juni, Sept. und Okt. So.–Fr. 14.00–17.00 Uhr). **Fougères** (35 km nordöstl.) teilt sich in eine geschäftige Oberstadt mit imposanten Verwaltungsgebäuden und eine Unterstadt mit dem Château am Ufer des Nancon; erbaut vom 12. bis 15. Jh., gilt es als eine der besterhaltenen Festungsanlagen der Bretagne (www.chateau-fougeres.com; Mai–Sept. tgl. 10.00–19.00, Febr.–April, Okt.–Dez. Di.–So. 10.00–12.30 und 14.00–17.30 Uhr). **Vitré** (30 km östl.) scheint mit Turmhauben und Mauern mittelalterlicher Malerei entstiegen zu sein: zauberhaftes Fachwerk etwa in der Rue d'Embas und dazu eine dreieckige Burganlage (14./15. Jh.) mit viel originalem Interieur (Juli und Aug. tgl. 10.00 bis 18.00, April–Juni und Sept. tgl. 10.00–12.30 und 14.00–18.00 Uhr, sonst kürzer).

INFORMATION
Destination Rennes, Office de Tourisme, Chapelle St-Yves, 11, Rue St-Yves, F-35000 Rennes, Tel. +33(0)2 99 67 11 11, www.tourisme-rennes.com

Im Hafen von St-Malo (links oben). Promenieren auf St-Malos Chaussée de Sillon (links unten). Baumschule bei Vitré (rechts)

❷ Mont-St-Michel

Majestätisch erhebt sich der Abteiberg über Polder und Salzwiesen. Möglich machte das Wunder eine Sturmflut zu Beginn des 8. Jh., bei der die Landverbindung weggespült wurde. Aus der Kultstätte für den hl. Michael entstanden in Jahrhunderten Kloster, Abteikirche und Dorf (44 Einw.).

SEHENSWERT
Ins Dorf geht es durch die **Porte de l'Avancée**: Die beiden Kanonen haben Engländer auf der Flucht 1434 zurückgelassen. Es folgen der zweite Mauerring, die **Porte du Roi** und die wuselige **Grande Rue.** Eine steile Treppe führt zunächst zum **Châtelet,** einem Verteidigungsbau des 14. Jh., dann zur Salle des Gardes, in der die Ticketschalter zum **Kloster** TOPZIEL untergebracht sind. Zum Rundgang (Mai–Aug. tgl. 9.00–19.00, Sept.–April tgl. 9.30–18.00 Uhr, letzter Einlass 1 Std. vor Schließung) gehören der Wohntrakt der Äbte, La Merveille, ein im 13. Jh. errichteter gotischer Bau auf drei Etagen mit Refektorium und Kreuzgang und das im Kern romanische Gotteshaus mit seinem gotischen Chor; es ruht auf Krypten, die zum Teil aus dem 10. Jh. stammen.

INFORMATION
Centre d'Information Touristique, Tel. +33 (0)2 14 13 20 15, F-50170 Le Mont St-Michel, www.bienvenueaumontsaintmichel.com

❸ Cancale

Das Städtchen (5500 Einw.) thront auf einem Plateau über dem Hafen La Houle. Bei Ebbe tuckern Traktoren über den Meeresgrund zu den Austernbänken. 6000 t Schalentiere werden alljährlich geerntet.

SEHENSWERT
In der **Ferme Marine** erfährt man alles über Austernzucht, und es gibt ein Museum über Schalentiere (L'Aurore, Route de la Corniche, www.ferme-marine.com; Mitte Febr.–Okt. Führungen Mo.–Fr. 15.00, Mitte Juni–Mitte Sept. auch 11.00 und 17.00 Uhr).

INFORMATION
Office de Tourisme, 44, Rue du Port, F-35260 Cancale, Tel. +33 (0)2 99 89 63 72, www.cancale-tourisme.fr

❹ St-Malo

Elegante Reederpaläste und Festungsmauern prägen den historischen Kern von St. Malo (47 000 Einw.). Von drei Seiten umspült der Atlantik die Altstadt. Im Nordosten kommen endlose Sandstrände und Belle-Epoque-Villen, im Süden der Fähr- und der Jachthafen hinzu.

SEHENSWERT
In der **Burg** (überw. 15. und 16. Jh.) befinden sich das Rathaus und das **Museum zur Stadtgeschichte** (April–Sept. tgl. 10.00–12.30 und 14.00–18.00 Uhr, sonst kürzer). Die **Stadtmauer** (18. Jh.) ist begehbar und bietet herrliche Blicke in die Altstadt, auf den Hafen und das Meer. Auf Höhe der Porte St-Louis fällt der Blick auf die elegante Barockfassade des Hôtel d'Asfeld, ein Monument vergangener Korsarentage (www.demeure-de-corsaire.com; Führungen Febr.–Mitte Nov. Di.–So. 15.00, Juli und Aug. Di.–So. 10.00–11.30 und 14.30–17.30 Uhr). Das **Fort National,** eine Festung auf einem Inselchen gegenüber der Porte St-Thomas, ist bei Ebbe zu Fuß zu erreichen (www.fortnational.com; Juni–Sept. bei Ebbe geöffnet). Bei Flut preschen die Wellen bis zum Digue de Rochebonne. Pastellfarbene Villen der Belle Époque trutzen im Schutz des Deichs der See.

HOTEL UND RESTAURANT
Am Sillon-Strand liegt der Belle-Époque-Bau €€€ **Hôtel Beaufort** (25, Chaussee de Sillon, Tel. 0299409999, www.hotel-beaufort.com). Der Name Jean-Yves Bordier steht für die beste Bretagne-Butter; das €€ **Bistro autour du Beurre** macht dem Ruf des Hauses alle Ehre (7, Rue de l'Orme, Tel. 0223182581, www.lebeurrebordier.com; Juli und Aug. So. und Mo., sonst So., Mo. und abends geschl.).

INFORMATION
Office de Tourisme, Esplanade St-Vincent, F-35400 St-Malo, Tel. +33(0)2 99 40 34 04, www.sant-malo-tourisme.com

❺ Dinard

1879 gründeten Briten in Dinard (11 300 Einw.) den ersten Tennisclub Frankreichs. An feudale Tage erinnern Hotels und Villen.

SEHENSWERT
Rund um die **Plage de l'Ecluse** reiht sich ein schlossähnlicher Bürgertraum an den anderen – besonders auf der Pointe de la Malouine westl. und der Pointe du Moulinet östl. des Strands. Mit der **Villa Les Roches Brunes** (um 1890) kann man eines der Beispiele der Bäderarchitektur besichtigen (1, Allée des Douaniers; Mi.–Mo. 10.00–12.30 und 15.00–19.00 Uhr).

HOTEL UND RESTAURANT
Das €€€/€ **Hôtel Saint-Michel** bietet Zimmer mit Designtouch (54, Boulevard l'Hôtelier, Tel. 02 99 73 81 60, www.hotel-saintmichel-dinard). Das €€ **Balafon** bietet Bistroküche (31, Rue de la Vallée, Tel. 02 99 46 14 81; Juli–Aug. Mo., sonst Mo. sowie So. und Do. abends geschl.).

UMGEBUNG
Bei der Besichtigung der **Usine Marémotrice** an der Rance-Mündung erlebt man, wie Ebbe und Flut pro Jahr bis zu 600 Mio. Kilowatt Energie erzeugen (www.energie.edf.com; Juli und Aug. tgl. 10.00–13.00 und 14.00–18.30, sonst tgl. 9.00–12.30 und 14.00–17.30/17.00 Uhr).

INFORMATION
Office de Tourisme, 2, Boulevard Féart, F-35802 Dinard, Tel. +33 (0)2 38 99 46 94 12, www.ot-dinard.com

Tipp

Delfine in der Bucht von Cancale

Los geht es in Port-Mer bei Cancale, wo die „Tursiops II" mit einem Führer und den Besuchern ablegt. Unterwegs erfährt man, wie der Meeresborstenwurm die Sandkorallen im Tideland schafft, oder dass sich Wale nicht in die Bucht verirren, weil das Wasser zu seicht ist. Tümmler und Delfinen hingegen reicht der Wasserstand in der Bucht des Mont St-Michel. Bei den meisten Fahrten bekommt man einige der 300 durch die Bucht ziehenden Tümmler zu Gesicht.

INFORMATION
Association Al-lark, 50, Rue Pierre et Marie Curie, F-35260 Cancale, Mobil-Tel. 06 78 71 41 09, www.al-lark.org

⑥ Dinan

Dinan (22 100 Einw.) ist mit seinen kopfstein-
gepflasterten Gassen, blumengeschmückten
Fachwerkfassaden und der Burg Inbegriff einer
mittelalterlichen bretonischen Stadt.

SEHENSWERT

Auf der vom Hafen in die Oberstadt ansteigen-
den **Rue du Jerzual** zeugen Häuser wie die
Maison du Gouverneur (Nr. 24) von mittelalter-
lichem Wohlstand. Weiter oben gilt das Viertel
um **Place des Merciers**, **Rue de l´Apport**
und **Place des Cordeliers** als das am besten
erhaltene mittelalterliche Ensemble der Bretagne. Byzantinisch-persischer Einfluss ist am
Portal der romanischen **Basilika St-Sauveur**
(12. und 16. Jh.) unverkennbar. Über der **Burg**
aus dem 14. Jh. ragt der Donjon 34 m auf;
drinnen zeigt das Museum eine Sammlung zur
Stadtgeschichte (Juni–Sept. tgl. 10.00–18.30,
sonst tgl. 13.30–17.30 Uhr). Die Aussicht vom
Donjon auf Stadt und Tal ist umwerfend.

VERANSTALTUNG

Zur **Fête des Remparts** werden die Stadtmauern von 800 Laiendarstellern in mittelalterlichen Kostümen in Szene gesetzt (alle zwei
Jahre 3. Aug.-Wochenende, 2016, 2018 ...).

UMGEBUNG

Der **Canal d'Ille-et-Rance** ist ein technisches
Meisterwerk, unter Napoleon Bonaparte begonnen. Sehenswert ist die „Echelle" in Hédé-
Bazouges (25 km südöstl.), eine Abfolge von elf
Schleusen auf halbem Weg nach Rennes. In der
Maison du Canal dokumentiert ein Museum die
Geschichte des Wasserwegs (http://maisondu
canal.free.fr; Juli und Aug. tgl. 10.30–12.30 und
13.30–18.00, Mai, Juni, Sept. und Okt. Mi.–Mo.
14.00–18.00, sonst Mi. und So. 14.00 bis
17.00 Uhr).

INFORMATION

Office de Tourisme, 9, Rue du Château,
F-22100 Dinan, Tel. +33 (0)2 96 87 69 76,
www.dinan-tourisme.com

⑦ Cap Fréhel

Rosa Fels, petrolblaues Meer und tiefgrüner
Wiesenpelz bestimmen die Farbsymphonie am
Kap. Im Frühjahr leuchten Heide und Ginster
über der 70 m ins Wasser stürzende Felskante.
In den Felsen nisten Lummen und Konsorten
– das Kap ist Vogelschutzgebiet.

UMGEBUNG

Am Parkplatz **Fort La Latte** beginnt ein Wanderweg **TOPZIEL** durch dichten Eichenwald.
Am Menhir „Gargantuas Finger" taucht man
wieder aus dem Wald auf. In der Ferne leuchten die roten Granitmauern des Forts aus dem
14. Jh. (www.castlelalatte.com; Juli und Aug.
tgl. 10.30–19.00, April–Juni und Sept. tgl. 10.30
bis 18.00, sonst Sa. und So. 14.00–17.30 Uhr).
Der Küstenwanderweg GR 34 säumt die Bucht
Anse des Sévignés bis zum Cap Fréhel (3,5 km).

Genießen   Erleben   Erfahren

DuMont
Aktiv

Alte Lebensader im Inneren der Bretagne

Vom Mittelalter bis noch ins 20. Jh. hinein wurde die innere
Bretagne durch Kanäle mit den Küstenhäfen verbunden. Auch Rennes bekam
so seinen Zugang zum Atlantik. Der Canal d'Ille-et-Rance verbindet die bretonische Hauptstadt mit dem Hafen von St-Malo. Heute lädt die Wasserstraße
zu einer stillen Reise ins Herz der Bretagne ein.

Frachtkähne sieht man auf dem 85 km langen Kanal
nicht mehr. Umso mehr hat man als Hausbootkapitän Land und
Leute, Kanal und Kulturdenkmäler fast für sich allein. Für
eine einwöchige Tour bietet sich die Strecke von Dinan nach
Messac an. Bis zum Flusshafen von Dinan dürfen Hausboote
navigieren. Messac ist eine der wichtigsten Hausbootbasen der
Bretagne mit entsprechendem Angebot an Verleihern.

Pierre, der Mann von der Bootsbasis, weist in die Technik ein: Schlüssel umdrehen, Knopf drücken. Unter Deck
tuckert prompt der Motor. Die Hand liegt auf dem Hebel
für Vor- und Rückwärtsfahren, die andere kurbelt am Steuerrad.
Einmal Gas geben, aus dem Auspuff gurgelt es hohl: Los geht's.

Dörfer, in denen die Zeit stehen geblieben zu sein scheint, rücken
ans Ufer, ziehen vorbei. Ein Schloss taucht zwischen Baumwipfeln auf. Die
Schleusenwärterhäuschen stammen oft noch aus napoleonischer Zeit und
wirken wie kleine Palais. Beeindruckender aber ist die „Leiter von Hédé", eine
Abfolge von elf Schleusen, die dank der Parklandschaft ringsherum wie ein
Gesamtkunstwerk wirken. In Rennes dann riecht die Luft nach Großstadt.
Doch schon kurz hinter Rennes verläuft die Hausboottour wieder im er-
holsam trägen Takt der inneren Bretagne. Was bis Messac so bleiben wird.
Einfach zauberhaft!

Weitere Informationen

Hausbootverleih: Le Boat, c/o Crown Blue
Line GmbH, Theodor-Heuss-Straße 53, D-61118
Bad Vilbel, Tel. 06101 557 91 75, www.leboat.de.
Basen in Dinan und Messac. Einwöchige Tour
(7 Nächte) von rund 1500 € bis etwa 4000 € für
zwei bis zwölf Personen.
Allgemein: Einen Bootsführerschein braucht
man für die Kanalhausboote in Frankreich
nicht. Im Bordbuch sind Restaurantempfehlungen und Märkte längs der Ufer aufgeführt.
Auf Anfrage werden auch Räder verliehen –
was Landausflüge erleichtert.

*Unterhalb der Altstadt von Dinan warten
die Hausboote auf Freizeitskipper*

La Bretagne en rose

Zartes Rosa und blasses Violett färben Kaps, Klippen, Felsen an der Côte de Granit Rose. Wind und Wetter haben einige Felsen zu die Phantasie beflügelnden Kolossen wie „Teufelsburg" und „Schildkröte" abgeschliffen. Blaulila blühende Schmucklilien setzen leuchtende Kontraste, besonders auf der Ile de Bréhat, deren mediterrane Flora alles Unken über das ruppige Klima der Bretagne Lügen straft.

Erquys Plage Caroual: Wie viele Strände der Bretagne wird auch dieser Sandstrand bei Ebbe fast kilometerbreit

Auf dem Sentier de Douaniers nach Ploumanac'h bei Perros-Guirec: Auf den bizarren Granitfelsen
steht seit 1945 dieser 15 Meter hohe Leuchtturm

Bei Ebbe bevölkern die Muschel-
sucher nicht nur in der Bucht von
St-Michel-en-Grève die Strände

Zu den klassischen Bretagne-Motiven gehört das Steinhaus an der
Landspitze Le Gouffre nahe dem Pointe du Château

Vom Großen
Wanderweg GR 34
lässt sich die gesamte
Bretagneküste
erkunden – vom Mont-
St-Michel bis zu den
Salzfeldern von
Guérande.

Aussortiert wird bereits an Bord der 250, zum Fang von Jakobsmuscheln in der Bucht von St-Brieuc zugelassenen Kutter. Mit dem Messstab in der Hand wird jede Jakobsmuschel, die den vorgeschriebenen Mindestdurchmesser von elf Zentimetern unterschreiten könnte, überprüft und bei zu kleiner Größe zurück ins Meer geworfen.

Zweimal pro Woche dürfen die Schiffe während der Saison von Oktober bis März den Meeresboden abgrasen. Der Fang der Muschel mit dem nussigen, leicht Richtung Vanille tendierenden Geschmack ist so streng reglementiert wie bei keinem anderen Schalentier. Oft beträgt das zugelassene Zeitfenster für die Fischer nur ganze 45 Minuten, während dessen nicht selten die Gendarmen mit dem Feldstecher am Strand stehen und jeden Arbeitsschritt beobachten. Manchmal kreist zudem der Hubschrauber der Küstenpolizei über den Booten, an deren Seite die schweren Metallnetze ins Wasser hinabgelassen werden. Zehn Minuten lang werden die Netze über den sandigen Boden gezogen.

Oben steht die Mannschaft bereits mit besagtem Messstab bereit. Flott wird der Fang aussortiert und in Säcke verpackt.

Um die 7000 Tonnen landen so pro Saison in den Fischauktionshallen, auf den Tellern der Restaurants und auf der Fête de la Coquille St-Jacques. Das Fest findet Anfang April abwechselnd in Erquy, St-Quai-Portrieux oder Loguivy-sur-Mer statt, den wichtigsten Häfen für den Fang der Jakobsmuscheln in der Bucht von St-Brieuc. Zurück bleiben Berge von Schalen, die sich die Jakobspilger im Mittelalter als Erkennungszeichen an den Hut steckten.

Vue sur Mer vom Wanderweg

Ihren Höhepunkt erreichte die Zahl der Zöllner an den französischen Küsten unter Napoleon: 35 000 Staatsbedienstete waren auf den Sentiers des Douaniers unterwegs. Ihre Aufgabe war es, vom Zöllnerpfad jede verdächtige Bewegung auf See und an Land festzustellen, um so die Konkurrenz durch englische oder niederländische Waren abzuwehren. Fini.

In Zeiten der Globalisierung hat der Sentier des Douaniers als Schutz gegen illegale Einfuhren ausgedient und erfreut sich nun umso größerer Beliebtheit als Küstenwanderweg. Kennziffer: GR 34, Markierung: rot-weißer Doppelbalken. Das prominenteste Stück in der Bretagne

Vor Perros-Guirec liegen die Sieben Inseln, allesamt Vogelschutzgebiete. Allein die Ile aux Moines, die Insel der Mönche mit ihrer Klosterruine, darf betreten werden

folgt den rosafarbenen Felsformationen zwischen Trégastel und Perros-Guirec. Bizarr geformte Felsen wie die „Hexe", die „Flasche" und die „Liebeslaube" säumen den Weg.

Am Horizont ragt mit der Réserve Naturelle des Sept Iles Frankreichs größtes Vogelschutzgebiet aus dem tintenblauen Atlantik. Papageientaucher und Basstölpel bleiben auf den sieben Inselchen bis auf wenige autorisierte Besucher unter sich. Etwas anders verhält es sich auf dem Sentier des Douaniers. An die 800 000 Besucher pro Jahr spazieren und wandern am schönsten Abschnitt der rosa Granitküste.

Einen Heiligen für jeden Bedarf

Die Schar bretonischer Heiliger, die in Rom kein Kleriker kennt, ist gewaltig. 7777 Heilige sollen in der Bretagne verehrt werden, mithin einer gegen jedes Zipperlein, für jeden Bedarf und für jeden Beruf. Ihre Namen lauten ganz bretonisch Armel, Budoc, Efflam, Goneri, Kado, Maudez oder auch Tugdual. Letzterer war der Legende nach englischer Herkunft und der erste von 80 Bischöfen, die bis zur Französischen Revolution die Geschicke in Tréguier bestimmten.

Das Städtchen am Zusammenfluss von Guindy und Jaudy verdankt den ab

Wem gehört die Bretagne?

Einige der fotogensten Anwesen an der Granit-Küste sind architektonische Ikonen der Bretagne. Ihre Besitzer aber fühlen sich vom Ansturm der Touristen terrorisiert.

Wir wissen nicht, was Dieter „Didi" Hallervorden von den Neugierigen hält, die mit Feldstecher und Kamera ein Bild von seinem Zweitwohnsitz auf dem winzigen Felseiland Costaérès erhaschen wollen. Der Komiker kaufte das Inselchen samt der aufgepfropften neugotischen Burg 1988.

An der Pointe du Château nördlich Treguier

Gut hundert Jahre zuvor vollendete hier der polnische Literaturnobelpreisträger Henryk Sienkiewicz den Roman „Quo Vadis". Weshalb auch Neugierige, die mit Hallervorden wenig anfangen können, gern einen Blick aufs Anwesen werfen. Mehr als gestört vom Interesse an seinem zweifellos grandios gelegenen Haus war der Eigentümer einer anderen bretonischen Ikone. An der Pointe du Château nehmen riesige Felsen ein Granithäuschen in die Zange. Lange waren Haus und Felsen bildlicher Inbegriff der Côte du Granit rose. Werbeclips, Werbeshootings, Urlauber, die über die Mauer kletterten, um ein Foto zu machen – irgendwann wurde es dem Eigentümer zu viel. Es darf sich freilich jedermann den Villen am Strand und auf den Felsen ein bisschen nähern. Die Loi Littoral von 1976 bestimmt einen Streifen von drei Metern entlang der französischen Küsten zu öffentlichem Grund.

Die Hafenstadt Paimpol lebt nicht mehr von der Islandfischerei, sondern längst vom Tourismus

Locquirec: Am Strand Les Sables Blancs kann das Wasser auch im Sommer ziemlich frisch sein

Perros-Guirec liegt am wohl schönsten Küstenabschnitt der rosa Granitküste. Und nicht nur an der Plage de Trestraou ist alles auf Wassersport eingestellt

Südöstlich von Paimpol sind die verwunschen wirkenden Ruinen von Beauport zu finden. Die Abtei wurde 1202 gegründet und ist heute für ihre musikalischen Veranstaltungen bekannt

Cidre der Domaine de Kervéguen in Guimaec und ihr Besitzer Eric Baron im Fasskeller (Mitte links und oben)

Einst herrschten hier Tuchmacher: Quintins kopfsteingepflasterte Altstadt

Wie ganz Frankreich entzückt die Bretagne mit Backwaren für die Hand – als süße Köstlichkeit oder handfest und rustikal mit Fleisch und Wurst

540 hier residierenden Kirchenfürsten sein dank dreitürmiger Kathedrale, barockem Bischofspalast und hochgotischem Kloster beeindruckendes Zentrum.

Wichtiger aber als der Stadt- und Bistumsgründer Tugdual ist der hl. Yves. Denn der bedeutendste Heilige der Bretagne kam 1253 im nahen Minihy-Tréguier zur Welt, studierte später in Paris Theologie und Recht, starb jedoch als Prediger und Verteidiger der Armen 1303 in der Heimat. Sein ausgesprochener Rechtssinn machte ihn zum Schutzpatron der Juristen. Am Grand Pardon, zu dem am dritten Sonntag im Mai die Schädelreliquie des auch in Rom als heilig anerkannten Yves in feierlicher Prozession durch Tréguier getragen wird, nehmen daher viele Anwälte und Richter in offizieller Robe teil.

Le Paris–Brest

1851 kam der Fortschritt nach Nantes. Die Eisenbahn erreichte die ehemalige Hauptstadt der Bretagne, und von hier aus ging der Siegeszug des Schienenstrangs unaufhaltsam weiter. Bereits 1865 rollte der erste Zug der 1855 gegründeten Eisenbahngesellschaft Compagnie des Chemins de Fer de l'Ouest in den Bahnhof von Brest ein. Statt zuvor sechs Tage in der Postkutsche rückte die Hafenstadt auf gut 40 Zugstunden an Paris heran. Noch musste jeder Passagier, der eine Departementsgrenze überfuhr, einen Pass mit sich führen.

Mit dem Bau der Eisenbahn veränderte sich nicht nur das Leben, sondern auch das Bild vieler Städte. Krönendes Beispiel ist der Viadukt von Morlaix. Kein noch so hoher Mast im Hafen kann es mit den sich in schwindelerregender Höhe über der fjordartigen Rivière de Morlaix spannenden Bögen aufnehmen. Für den 58 Meter hohen und 292 Meter langen Viadukt musste seinerzeit allerdings ein komplettes mittelalterliches Viertel weichen.

Nichts zu tun hat die Eisenbahnlinie, die erst dank des Viadukts von Morlaix eröffnet werden konnte, übrigens mit dem Kuchen gleichen Namens. Le Paris-Brest ist gerade wieder in Mode. Es handelt sich um einen Windbeutelreifen mit Cremefüllung, der Form und Namen einem Radrennen von – man ahnt es – Paris nach Brest verdankt.

Cidre für den Elysée

Sie heißen Marie Ménard, Doux Coet, Fréquin Rouge oder auch Peau de Chien und fallen ab Oktober mit dumpfem Laut in die gemähte Apfelwiese. „Das Mähen ist wichtig, um zu vermeiden, dass zu viel Gras mit den Cidreäpfeln eingesammelt wird", erklärt Eric Baron auf seinem Hof, der sich in den grünen Hügelkuppen des Hinterlands der Bucht von Lannion versteckt. Das Schicksal der Cidreäpfel ist die Presse, nicht irgendeine freilich, sondern eine Champagnerpresse, mit der die Cidreäpfel besonders sanft und langsam um ihren köstlichen Saft erleichtert werden.

Der schlaksige Cidrebauer mit der Pudelmütze auf dem Kopf hat in Rennes Soziologie studiert. Als die aus dem 15. Jahrhundert stammende Domaine du Kervéguen vor gut 20 Jahren zum Verkauf stand, änderte der damals Zweiundzwanzigjährige seine Pläne radikal. In kometenhaftem Aufstieg wurde Eric Baron zum wohl besten Cidrehersteller der Bretagne. Die Spitzencuvée „Carpe Diem" kostet stolze 13 Euro – pro Flasche. Geschmacklich ist der aromenkonzentrierte Apfelwein Lichtjahre vom Supermarktcidre zu einem Fünftel des Preises entfernt. Seit 1997 wissen das auch die französischen Präsidenten zu schätzen. Bei Staatsempfängen wird der bretonische Cidre im Pariser Elysée ausgeschenkt.

Herrschaftlich nächtigen

Im französischen Westen sind Châteaux (Schlösser) und Manoirs (Herrenhäuser) dicht gestreut. Nicht immer sind die Hausherren heute noch von Adel. Und so stehen die feudalen Anwesen immer öfter zahlenden Gästen zur Übernachtung offen.

Besonders der weitläufige Park macht das Château de Bonabry so attraktiv

Der Manoir des Portes im Osten von Lamballe erinnert mit Natursteinmauern, weitem Gartenhof und Gemüsegarten an einen Gutshof. Doch das denkmalgeschützte Anwesen aus dem 16. Jahrhundert wird seit Langem als Hotel betrieben. Die Zimmer sind ausgesprochen cosy und verbinden altes Gebälk mit modernem Komfort. Die Marmeladen zum Frühstück werden hausgemacht, der Honig stammt vom Imker nebenan, der Bol für den Milchkaffee ist gepunktet – mehr ländlicher Charme geht nicht. Es gibt zudem ein Restaurant. Was der Chef de Cuisine je nach Angebot auf den Märkten des Landstrichs vorschlägt, huldigt der Bretagne und steht auf einer Schiefertafel.

Das im Französischen sprichwörtliche „Vie de Château" versprechen Vicomtesse Joelle und Vicomte Louis du Fou de Kerdaniel ihren Gästen. Das adelige Paar mit alten bretonischen Wurzeln ist seit 1982 Hausherr im Château de Bonabry. Ein 25 Hektar großer Park umgibt den barocken Bau, der auf den Fundamenten eines wesentlich älteren, spätmittelalterlichen Manoirs ruht. Eine Allee mehrhundertjähriger Eichen führt zum denkmalgeschützten Anwesen, dem ein wuchtiger Turm ein wehrhaftes Äußeres verleiht. Madame du Fou de Kerdaniel kommt gerade aus dem Rosengarten auf der Rückseite und bittet in den großen Salon, wo man unter den Ahnenporträts willkommen geheißen wird. Das Schloss ist eines der wenigen an der bretonischen Nordküste, das ganzjährig bewohnt ist. Um die enormen Unterhaltskosten zu bewältigen, bieten die Schlossherren, die sich übrigens eher als „Gärtner, Köche, Putzfrauen und Reitlehrer" verstehen, zwei Suiten, zwei Gästezimmer und eine Ferienwohnung an. Der Zauber alten Parketts, antiker Möbel und vergoldeter Spiegel scheint besonders bei ausländischen Gästen zu verfangen, die über die Hälfte aller Übernachtungsgäste ausmachen.

Der Manoir de Kerguéréon verfängt mit einem rapunzelwürdigen Eckturm, der das auch als erfolgreiches Gestüt geführte Anwesen überragt. Platz gibt es hier reichlich, etwa für den Aperitif im Rosengarten oder ein gemütliches Frühstück am Kamin. Moderne Bäder und der Charme mannshoher Kamine bürgen für Behaglichkeit in den drei Chambres d'hôtes, wie die französische Variante

Hier lässt sich wunderbar
schnuppern: der Rosen-
garten des Manoir de
Kerguéréon

Auch ein kleiner Regenguss kann der Gemütlichkeit nichts anhaben: Antiquitätengeschmücktes Manoir de Kerguéréon

des B&B heißt. Alle sind mit Antiquitäten aus Familienbesitz möbliert. Alle sind geräumig und bieten ausgesprochene Verweilqualität.

Etwas bescheidener wirkt der Manoir de la Hazaie – allerdings nur auf den ersten Blick. Wer hingegen das

wuchtige Granitgemäuer betritt, verfällt umgehend dem Glanz von Kristalllüstern, Baldachinbetten und handverlesener Antiquitäten. Das Herrenhaus aus dem 16. Jahrhundert verbirgt sich in einem gepflegten Park, zu dem ein Pool gehört. Wobei der Strand von Pléneuf-Val André auch nur ein paar Kilometer entfernt liegt. Prominente Gäste wie der Regisseur Luc Besson und der Schauspieler Ben Harper sind hier bereits abgestiegen. Und die amerikanische New York Times, das französische Hochglanzmagazin Côté Ouest, die britische Sunday Times berichteten – auch vom Candlelight-Dinner im blauen Salon, für das man allerdings reservieren muss.

Ein Hideaway: Der Manoir de L'Isle verbindet ländlichen Charme mit einem Hauch Luxus und Design – das Ganze in stiller, abgelegener Lage und doch nur einen Katzensprung vom Meer entfernt. Das 300 Jahre alte Herrenhaus wurde kürzlich saniert. Geblieben sind alte Bruchsteinmauern und schwere Balken, hinzugekommen ist eine kräftige Prise Landhauschic. Es gibt nur vier Zimmer, die sich in den Gebäuden rund um einen begrünten Hof verteilen. Von einer Wand lächelt die Mona Lisa, von einer anderen Marilyn Monroe. Caroline Fondeux und Christian Flohic sind reizende, entspannte Gastgeber, die Paris den Rücken gekehrt haben, um sich ihrer wahren Leidenschaft zu widmen: alten bretonischen Gemäuern und dem Angeln. Wer sich dafür interessiert, wo und wie man die Angelschnur am besten hält, wird von Christian gerne angeleitet.

Ein letzter Tipp: Der Manoir de Kergrec'h war im 17. Jahrhundert bischöfliche Sommerresidenz, wurde nach langem Verfall vor wenigen Jahren restauriert und beherbergt heute ein Dutzend komfortabler Zimmer. Doch der Clou kommt noch: Der majestätische Park rund um das allein durch seine Größe beeindruckende Anwesen reicht bis ans Meer. Wo er endet, lädt der Küstenwanderweg GR 34 zum Erkunden der rosa Granit-Küste ein. Abends auf dem Zimmer dann hört man allenfalls das Meer rauschen.

Informationen

....

La Poterie, Le Manoir des Portes, F-22400 Lamballe, Tel. 02 96 31 13 62, www.manoirdesportes.com; DZ ab 68 €
Château de Bonabry, F-22120 Hillion, Tel. 02 96 32 21 06, www.bonabry.fr; DZ ab 90 €, Ferienwohnung ab 500 €/Woche
Manoir de Kerguéréon, F-22300 Ploubezre, Tel. 02 96 38 80 59, www.iguide-hotels.com/manoir-de-kerguereon; DZ ab 100 €
Manoir de la Hazaie, F-22400 Planguenoual, Tel. 02 96 32 73 71, www.manoir-hazaie.fr; DZ ab 165 €
Manoir de L'Isle, F-22300 Ploumilliau, Tel. 02 96 35 39 90, www.manoirdelisle.com; DZ ab 158 €
Manoir de Kergrec'h, F-22820 Plougrescant, Tel. 02 96 92 59 13, www.manoirdekergrech.com; DZ ab 96 €
Weitere Adressen im Internet unter www.charme-bretagne.com und www.bienvenueauchateau.com

Die Winzinsel Costaérès bei Ploumanac'h ist heute samt „Château"
im Besitz des Schauspielers „Didi"
Hallervorden und lässt sich sogar
mieten – für einen fünfstelligen
Betrag pro Woche (Infos unter:
www.vladi-private-islands.de).

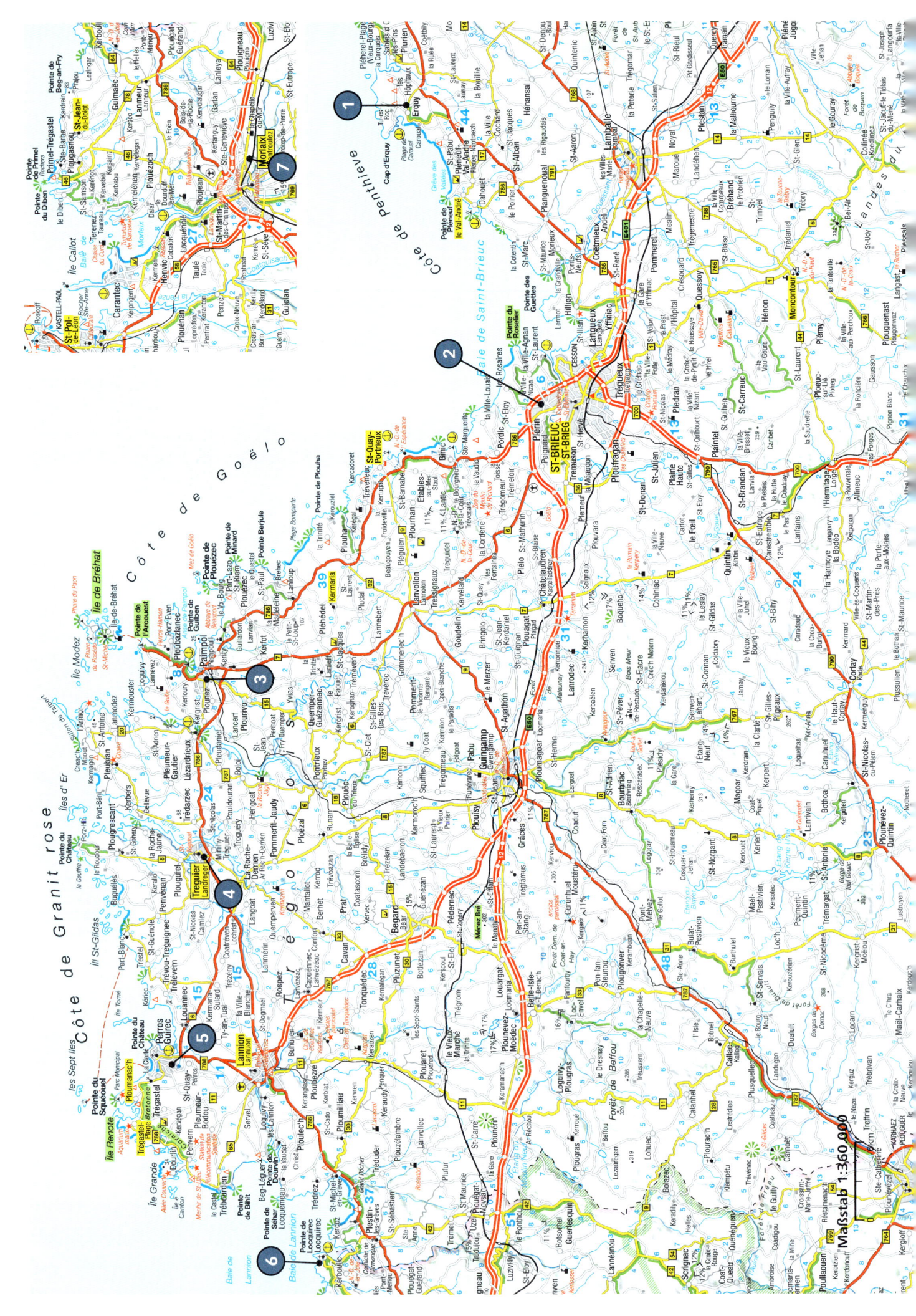

Felswege mit Seeblick

Die touristische Hauptachse der rosa Granit-Küste ist der Zöllnerpfad Grand Randonnée 34. An seinem Verlauf türmen sich bizarre Felsformationen. Mit etwas Glück taucht eine Kegelrobbe im Wasser auf. Mit an Sicherheit grenzender Wahrscheinlichkeit bekommt man hingegen Basstölpel und Austernfischer zu Gesicht.

❶ Erquy

Das Städtchen (3900 Einw.) leuchtet in hellrosa Sandstein, so wie das gleichnamige Kap weiter im Norden. Erquy gilt als „Hauptstadt der Jakobsmuschel". Sieben Strände machen das Urlaubsglück perfekt.

AKTIVITÄT

Ein gut einstündiger Spaziergang führt vom Parkplatz oberhalb des Hafens durch eine krautige Heidelandschaft zum zerklüfteten **Cap d'Erquy** – an dem auch der Stein für den Pariser Triumphbogen gebrochen wurde. Eine 18 km lange Rundwanderung am Kap vorbei beginnt am Hauptstrand von Erquy (Broschüre mit Wanderrouten im Office de Tourisme).

INFORMATION

Office de Tourisme, 3, Rue du 19 Mars 1962, F-22430 Erquy, Tel. +33 (0)2 96 72 30 12, www.erquy-tourisme.com

❷ St-Brieuc

In die Hauptstadt des Departements Côtes d'Armor (46 000 Einw.) kommt man nicht wegen Strand oder Sightseeing. Dafür bietet St-Brieuc, bereits im 6. Jh. idyllisch an tiefen Talschlünden gegründet, als Abwechslung moderne Kaufhäuser und flotte Boutiquen.

SEHENSWERT

Rund um die **Place Martray** mit der Fischmarkthalle schaffen Fachwerkhäuser und schmale Gassen Altstadtheimeligkeit. Die **Kathedrale St-Etienne** geht aufs 12. Jh. zurück, wurde jedoch bis ins 19. Jh. umgebaut; ihr Westwerk mit schlichtem Portal und zwei wehrhaften Türmen wirkt wie eine Festung.

UMGEBUNG

Moncontour (südöstl.) war im Mittelalter ein wichtiger Handelsplatz und zählt wegen des Stadtbilds aus dieser Zeit zu den „schönsten Dörfern Frankreichs". Die Fête Médiévale (Mittelalterfest) am 1. Aug.-Wochenende wird mit großem Umzug und Kostümen gefeiert (www. tourisme-montcontour.com). Ähnlich zauberhaft ist das alte Tuchmacherstädtchen **Quintin** (südw.). Sein Zentrum scheint nur aus Herrenhäusern und dem Château (17. Jh.) zu bestehen (www.tourismequintin.com).

Marktleben in Quintin (links). Villen säumen in Perros-Guirec die Küste (rechts oben). An Erquys Plage Caroual (rechts unten)

INFORMATION

Office de Tourisme de la Baie de St-Brieuc, 7, Rue St-Gouéno, F-22044 St-Brieuc Tel. +33 (0)2 96 33 32 50, www.baiedesaintbrieuc.com

❸ Paimpol

Fast hundert Großsegler lagen einst im Hafen. Am Quai Morand erinnern stolze Reederhäuser an den Wohlstand, der vor allem im 19. und 20. Jh. dank waghalsiger Islandfischerei nach Paimpol (8250 Einw.) kam.

SEHENSWERT

Die Abteiruine von **Beauport** im südw. Ortsteil Kérity verbirgt sich hinter Bäumen und Sträuchern. Das Gemäuer verwuchs mit der üppigen Vegetation zu einem verwunschenen Ort (Route de St-Brieuc, www.abbaye-beauport. com; Mitte Juni–Mitte Sept. tgl. 10.00–19.00, Mitte März–Mitte Juni tgl. 10.00–12.00 und 14.00–18.00, sonst tgl. 14.00–17.00 Uhr).

UMGEBUNG

In **Ploubazlanec** sind auf dem Friedhof an der Mur des Disparus en Mer die Namen auf See gebliebener Islandfischer vermerkt.

Hinüber auf die **Ile de Bréhat** geht es in nur 10 Min. mit der Fähre von der Pointe de l´Arcouest. Einmal angekommen, bordet Oleander übers Gemäuer. Geranien und Hortensien erreichen rekordverdächtige Ausmaße. Selbst Mimosen, Palmen und Feigen gedeihen prächtig. Ein Isthmus trennt Bréhat in eine spröde Nord- und eine liebliche Südinsel; eine Steinbrücke aus dem 18. Jh. verbindet beide. Immer wieder staunt man über Felsen, die mit den Häusern verwachsen scheinen. Rund um Bréhat schillert das Wasser in einer Palette aller Blautöne von Türkis bis Nachtblau. Und bei Ebbe tauchen Hunderte von Winzinseln und Felsen auf. Zauberhaft! (www.brehat-infos.fr). Im Provinzstädtchen **Guingamp** spielt das Leben im Umfeld der gotischen Basilika Notre-Dame-de-Bon-Secours, der Place du Centre, dem Château und dem barocken Rathaus, einem ehem. Kloster, an der Place de Verdun.

HOTEL UND RESTAURANT

€€ **La Demeure** ist von erfreulich anderer Art: Das Herrenhaus aus dem 18. Jh. wird wie ein Guest House geführt. Dazu gehört ein familiäres Bistro, das nachmittags zum Salon de Thé, abends zur Table d'hôte wird (5, Rue du Général-de-Gaulle, F-22200 Guingamp, Tel. 02 96 44 28 53, www.demeure-vb.com). Von den lichten Zimmern des €€ **Les Terrasses de Bréhat** schaut man hinüber auf die Ile de Bréhat. Im **Restaurant Le 360** ist der Rundumblick umwerfend und die Küche ambitioniert (Pointe de l´Arcouest, F-22620 Ploubazlanec Tel. 02 96 55 77 92, www.lesterrassesdebrehat.fr).

INFORMATION
Office de Tourisme, Place de la République, 22500 Paimpol, Tel. +33 (0)2 96 20 83 16, www.paimpol-goelo.com

❹ Tréguier

Die Geschicke des malerischen Tréguier (3000 Einw.) bestimmte seit Ankunft des walisischen Heiligen Tugdual um 525 bis zur Französischen Revolution die Geistlichkeit. Die Kathedrale und das Kloster wurden 1794 geplündert; was

 Tipp

Die Bretagne im Hangar

....

„Mehr als 50 lokale Produkte" wirbt die Epicerie an der austerngrauen Fassade. Soll heißen, im „Hangar" am Ortsrand von Paimpol geht es ausschließlich um bretonische Erzeugnisse, die meist aus der Umgebung stammen. Gemüse, Fischsuppe, Bier, Käse, Buttermilch, Salzbutter oft direkt vom Hersteller oder vom Bauernhof. Aber auch Bücher zur Bretagne, Pullover von Armor Lux oder Algenkosmetika sind im Angebot.

INFORMATION
Le Hangar, 8, Rue de Penvern, Paimpol, Tel. 02 96 16 53 64

gerettet werden konnte, lässt sich immer noch sehen.

SEHENSWERT
Der barocke **Bischofspalast,** die romanisch-gotische **Kathedrale St-Tugdual** (14./15. Jh.; tgl. 10.00–12.00 und 14.00–18.00 Uhr) und das hochgotische **Kloster** (15. Jh.) bilden einen kleinen Vatikan (Juli und Aug. tgl 10.30–18.30, Mai, Juni und Sept. Di.–Sa. 10.30–12.30 und 13.30–18.30, Fr. 14.30–18.30, März, April und Okt. Di.–So. 14.00–17.30 Uhr); Le Trésor, der Kirchenschatz der Kathedrale, versammelt Meisterwerke der Sakralkunst.

RESTAURANT
Die €€/€ **Poissonnerie du Trégor** lädt über dem Fischgeschäft von Pierre Moulinet zu Fischsuppe und Meeresfrüchten ein (2, Rue

Côte de Granit bei Ploumanac'h (links). „Trésor" in Tréguiers Kathedrale (rechts oben). Maison de la Duchesse Anne in Morlaix (rechts unten)

Ernest-Renan, Tel. 0296923027; Fischhandlung ganzj., Restaurant Juli–Sept. tgl.).

UMGEBUNG
Im schmucken Provinzstädtchen **Lannion** regiert ein durch und durch bretonisch-bourgeoiser Charme. Richtig was los ist in der Stadt am Do., wenn Markt gehalten wird. Sehenswürdigkeit ist die Kirche von Brélévenez (um 1200); am Ende der Rue de la Trinité beginnen die Escaliers: 143 Granitstufen trennen die auf einem Hügel thronende Kirche vom Zentrum.

INFORMATION
Office de Tourisme, Port de Plaisance, F-22220 Tréguier, Tel. +33 (0)2 96 92 22 33, www.tregor-cotedajoncs-tourisme.com

❺ Perros-Guirec

Vom einstigen Fischerdorf blieb kaum etwas, von den verschwenderischen Tagen des Belle-Époque-Tourismus um so mehr. Der Hauptort der rosa Granit-Küste (8000 Einw.) muss in der Hauptsaison 40 000 Urlauber verkraften. Am Strand verleihen Villen mit Stilzitaten vom Loire-Schloss bis zum kleinen Taj Mahal der Uferfront eine Prise Dekadenz.

UMGEBUNG
Die Maison du Littoral am Zöllnerweg von **Ploumanac'h** führt nicht nur in Flora, Fauna und Geologie der Granit-Rose-Küste ein, sondern veranstaltet auch zahlreiche Naturexkursionen (Juli und Aug. 10.00–13.00 und 14.00 bis 18.00, sonst Mi. 14.00–17.00 Uhr).
Das Meeresaquarium in **Trégastel** lockt mit einer Nachbildung des Küstenabschnitts (www.aquarium-tregastel.com; Juli und Aug. tgl. 10.00–19.30, April–Juni und Sept. Di.–So. 10.00 bis 18.00, März und Okt. Di.–So. 14.00 bis 17.00 Uhr). Auch das Forum am Coz-Pors-Strand fügt sich mit Meerwasserschwimmbad, Thermen und Fitnessclub harmonisch zwischen Felsen und Jahrhundertwendehotels ein.
Trébeurden gilt als Tor zur Côte Granit Rose. Schön ist ein (geführter) Ebbe-Spaziergang auf die Ile Millau, deren botanische Vielfalt verblüfft.

INFORMATION
Office du Tourisme, 21, Place de l´Hôtel de Ville, F-22700 Perros-Guirec, Tel. +33 (0)2 96 23 21 15, www.perros-guirec.com

❻ Locquirec

In diesem kleinen, feinen Badeort (1450 Einw.) möchte man bleiben – nicht nur wegen der neun Strände und des beschaulichen Hafens. Ein mildes Mikroklima beherrscht die Halbinsel. Der Zöllnerpfad führt von Strand zu Strand. Im Ort flaniert man zwischen gepflegten Villen aus den jungen Jahren des Bretagne-Tourismus.

 Tipp

Schwimmen mit Kegelrobben

....

Etwa ein Dutzend Kegelrobben leben in der Bucht von Morlaix. Um den Meeressäugern zu begegnen, muss man in einen Taucheranzug schlüpfen. Man sollte also bereits im Umgang mit Flossen, Tauchermaske und Atemgerät geübt sein. Los geht es mit der „Bretonne", einem ehem. Fischerboot, zu den unbewohnten Inselchen des Plateau de la Méloine. Beim Sprung ins Wasser ist Vorsicht geboten. Auf keinen Fall darf eine Kegelrobbe berührt werden. Nah kommt man den gescheckten Tieren mit etwas Glück trotzdem: Die Robben sind sehr neugierig.

INFORMATION
Tauchzentrum Plougasnou Plongée, 35, Rue du Port, Port du Diben, F-29630 Plougasnou, Tel. 02 98 72 38 78, www. plougasnouplongee.com

HOTEL

Das €€€€/€€€ **Grand Hôtel des Bains** ist ein blütenweißer 19. Jh.-Dinosaurier mit Zimmern, die wie Speisesaal und Terrassen Vue sur Mer haben. Doch berückend ist der Park, an dessen Mauer der Atlantik platscht (15 bis, Rue de l'Eglise, F-29241 Locquirec, Tel. 02 98 67 41 02, www.grand-hotel-des-bains.com).

UMGEBUNG

Bei **St-Michel-en-Grève** (östl.) verschwimmt der Übergang vom Festland zum Meer. Lieue de Grève nennt sich der 5 km lange Strand, der sich bei Ebbe auf über 2 km Breite dehnt. Im Dorf selbst lohnen Renaissancekirche (17. Jh.) und Seemannsfriedhof einen Besuch.

INFORMATION

Office de Tourisme, Le Port, F-29241 Locquirec, Tel. +33 (0)2 98 67 40 83, www.tourisme-morlaix.fr/-Locquirec-.html

➐ Morlaix

Morlaix (16 000 Einw.) zwängt sich in die Talsohle am Zusammenfluss von Jarlot und Queffleuth. Die Gassen säumen Fachwerkhäuser, Zwischenraum für großzügige Plätze bleibt trotzdem. Ebbe und Flut erreichen auch den Flusshafen, wo ein Mastenwald schicker Jachten für Küstenatmosphäre sorgt.

SEHENSWERT

Seit 1863 ist der 58 m hohe und 292 m lange **Eisenbahnviadukt** das Symbol der Stadt. Von seiner Höhe überschaut man ganz Morlaix (Mo.–Fr. 8.00–19.30, Sa. und So. 10.00–19.30 Uhr frei zugänglich). In der mit Fachwerk verzierten **Maison dite de la Duchesse Anne** trägt eine Eichensäule die Hauptlast der 11 m hohen Treppe (33, Rue du Mur, www.mda-morlaix.com; April–Sept. Mo.–Sa. 14.00–18.00 Uhr). Typisch für die Altstadtbebauung ist der von einem Glasdach beschirmte Innenhof, der wie eine Laterne Licht in alle Etagen fallen lässt.

RESTAURANT

Im €€ **Grand Café de la Terrasse** legte 1901 die erste Tour de France einen Etappenhalt ein. Das Belle-Époque-Interieur wurde seitdem sorgsam gepflegt. Die Karte bietet klassische Brasserieküche (31, Place des Otages, Tel. 02 98 88 20 25; So. geschl.).

UMGEBUNG

Von Weitem wirkt der 72 m lange und 8 m hohe **Cairn de Barnenez** geradezu erhaben. Ausgrabungen ergaben, dass um 3800 v. Chr. mit den Arbeiten für die Fürstengräber am rechten Ufer der Reede von Morlaix begonnen wurde. Einige der Kammergräber sind zu besichtigen (Mai–Aug. tgl. 10.00–18.00, sonst tgl. 10.00 bis 12.30 und 14.00–17.30 Uhr).

INFORMATION

Office de Tourisme, 10, Place Charles de Gaulle, F-29600 Morlaix, Tel. +33 (0)2 98 62 14 94, www.tourisme-morlaix.fr

Genießen   Erleben   Erfahren

DuMont Aktiv

Unter Segeln zu den Sept Iles

„Basstölpel nisten immer am selben Platz, immer mit demselben Partner", erklärt Philippe Biarnez, während das Gekreische aus Zigtausend Schnäbeln übers Wasser schallt. Der Segellehrer vom Centre Nautique in Perros-Guirec steuert den vor der rosa Granit-Küste versprengten Archipel regelmäßig mit der zweimastigen „Ar Jentilez" an – bis Windstärke 7 wird zum Birdwatching mit maximal zehn Passagieren an Bord ausgelaufen – wer Lust hat, kann auch beim Segeln mit anpacken. Der robuste Nachbau eines historischen Algenfischerboots umschifft die Vogelinsel Rouzic, um dann Kurs auf die irischgrüne Ile aux Moines zu nehmen. Es ist die einzige Insel des unter Naturschutz stehenden Archipels, die man betreten darf.

Austernfischer und Möwen gieren auf die Ankunft der Ausflügler, deren Picknick fette Beute verspricht. Kein Stück Baguette, das für einen Augenblick unbeobachtet auf der Mauer herumliegt, entgeht ihren Schnäbeln. Schon im 15. Jh. haben die Cordeliers-Mönche, denen die Ile aux Moines ihren Namen verdankt, das Eiland verlassen. Von der kleinen Garnison, die ab 1720 an der Westspitze stationiert war, blieb nur ein halb verfallenes Fort. Der Leuchtturm in der Inselmitte ist seit Langem voll automatisiert.

Nach dem Landgang passiert die „Ar Jentilez" ein Felschaos, das bei Ebbe einer Robbenkolonie als Sonnenbank dient. Kameras klicken, Ferngläser gehen von Hand zu Hand. Die Tiere scheinen von der Aufregung an Bord keinerlei Notiz zu nehmen. Robbe auf den Sept Iles möchte man sein!

Weitere Informationen

Veranstaltet werden die Fahrten vom **Centre Nautique de Perros-Guirec** (Plage de Trestraou, F-22700 Perros-Guirec, Tel. 0296498121, www.perros-nautisme.com) drei Mal pro Woche im Juli und Aug. Es gibt Ganztagesfahrten (7 Std.), Halbtagesfahrten (3 und 4 Std.) und Abendfahrten (3 Std.). Für Schwimmwesten und sonstige Ausrüstung wird gesorgt.
Das **Centre Nautique de Perros-Guirec** bietet zudem Segel-, Kajak-, Surf- und Tauchkurse und veranstaltet Ausflüge zum Segeln oder Surfen und Tauchen sowie Kajak- und Angeltouren.

Unterwegs mit der „Ar Jentilez" wie in längst vergangenen Zeiten

Ein Gefühl von Freiheit

3400 Seemeilen voraus: Amerika! Wer sich auf den Klippen im Westen der bretonischen Halbinsel den Wind um die Ohren pfeifen lässt, genießt ein Gefühl unendlicher Freiheit. Der alte Kontinent endet hier am furios aufbrandenden Atlantik. Das Neue ist nicht in Sicht, allenfalls zu ahnen. Diesem Neuen verdankte auch Brest seine Chancen, die es über Jahrhunderte gut zu nutzen wusste.

Der kleine Leuchtturm von Pontusval westlich Brignogan-Plage ist ein beliebtes Ziel der Spaziergänger

Sprungbrett nach Großbritannien und Irland: Roscoff mit seinem im Sommer zu besichtigenden Leuchtturm mitten im Hafen (oben rechts). St-Thégonnec gehört zu den bekanntesten Kirchhöfen der Bretagne. Ende des 16. Jahrhunderts finanzierten um ihr Seelenheil besorgte Tuchhändler dieses prachtvolle steinerne Glaubensbekenntnis (oben links und links)

Westspitze der
Bretagne: Vogelpara-
dies, Heidelandschaft
und Seglerdorado Ile
d'Ouessant

An der Pointe de St-Mathieu läuft der Atlantik Amok. Schaumkämme tauchen im brodelnden Wasser auf und sinken nieder. Wellen türmen sich zu Bergen, und fallen fauchend zusammen. „Höchstens Stärke Sieben", analysiert die Frau an der Kasse des Leuchtturms das Naturschauspiel, während man selbst mit beiden Händen die Mütze auf dem Kopf festhält. Dann bringt sie den Besuchern ein paar Brocken bretonisches Wettervokabular bei. Un vent à décorner les bœufs – ein Wind, der den Rindern die Hörner abreißt: So nennen es die Einheimischen, wenn der Wind wirklich aufdreht im Finistère.

Finis terrae, Ende der Welt, haben die Römer den wie eine Halbinsel in den Atlantik ragenden wilden Westen der Bretagne genannt. Nach Westen folgt für 3400 Seemeilen erst mal nichts. Und dann Amerika. Die große Entfernung zum nächsten Kontinent hält Wind und Wetter nicht davon ab, sich noch über viele Tausend Kilometer bemerkbar zu machen. Wenn in der Karibik die Saison der Tropenstürme beginnt, spürt man das zerstörerische Wüten bis hierher ins Finistère. Meterhoch schlagen die Wellen dann ans Land. In Extremfällen geht gleichzeitig kaum ein Lüftchen. Macht

une mer sans vent. Ein Meer ohne Wind – noch so ein Begriff aus dem bretonischen Wettervokabular.

Für den besseren Überblick

300 Schiffe fädeln sich täglich durch die gefürchtete Passage du Fromveur zwischen Ouessant und einem felsigen Archipel im Südosten. Entsprechend lang ist die Liste der Havarien. Frankreichs ältester, noch immer betriebener Leuchtturm steht daher nicht ohne Grund auf Ouessant. Der Phare du Stiff wurde 1695 vom berühmten Festungsbaumeister Ludwigs VI., von Vauban, entworfen und überblickt die Passage du Fromveur vom höchsten Punkt der Insel. Nach dem Untergang des Tankers „Amoco Cadiz", der 1978 zu einer Ölpest an der Nordküste der Bretagne führte, wurde dem Phare du Stiff ein moderner Radarturm zur Seite gestellt.

Nachts wirft der Créac'h-Leuchtturm von Ouessants Nordküste aus einen fahlen Strahlenkranz auf das überschaubare Eiland. Fünf weitere Leuchttürme schicken in nächster Nähe ihr Licht über die See: Die Küste des Finistère ist die mit der höchsten Leuchtturm-Dichte weltweit. „La Jument" ist der berühmteste Phare. Ein Foto von Jean Guichard, auf

dem beängstigend hohe Gischtkämme den ein paar Seemeilen südlich von Ouessant auf einen Fels gepfropften Granitturm zu verschlingen drohen, während der Leuchtturmwärter scheinbar seelenruhig vor der Tür steht, ging 1989 um die Welt. Die hunderttausendfach reproduzierte Aufnahme wurde zur Ikone der Bretagne und ist dennoch längst Nostalgie. Automatisierte Leuchtfeuer haben den Wärter ersetzt, doch wie lange das alle 15 Sekunden dreimal rot aufflammende Feuer noch leuchten wird, ist ungewiss. Der 1911 errichtete und so standhaft wirkende Turm verfällt seit dem Abzug der Wärter.

Moderne Navigationstechnik an Bord der Schiffe macht nicht nur „La Jument" überflüssig. Nur noch zwei von 46 Leuchttürmen der Bretagne sind bewohnt. 2010 verließ der letzte Wächter den Phare auf der Ile Vierge östlich des Aber Vrac'h, der seither noch einsamer aus den Fluten ragt. Für Jean-Philippe Rocher, den letzten Wächter, gingen fünf Jahre „wie im Fegefeuer" zu Ende, „denn ein Leuchtturm hoch auf See ist die Hölle".

Bretonische Frömmigkeit

Mit Blick auf ihren Platz im Himmelreich brachten wohlhabende Tuchhändler

Santecs Plage du Dossen im Hinterland von St-Pol-de-Léon

und Gerber vom 15. Jahrhundert bis ins 17. Jahrhundert hinein das Geld für so manchen der umfriedeten Pfarrhöfe des Léon auf. Nach der Öffnung der englischen Märkte durch den Vertrag von Picquigny 1475 erlebte der Landstrich zwischen dem Fluss Elorn und den Monts d'Arrée einen wirtschaftlichen Aufschwung. Um 1680 exportierten die Leinenweber des Léon zwei Drittel ihrer Waren über den Kanal.

Der Verdienst floss auch in die Bauvorhaben der einheimischen Pfarren. Neben den Kirchen entstanden von Mauern umfriedete Pfarrhöfe. Einlass gewährt ein Triumphtor (Porte triomphale). Dahinter befinden sich Beinhaus (Ossuaire) und Bildstock mit bäuerlich-naiven Figurengruppen (Calvaire). Der Enclos paroissial ist ein Sonderfall der Kunstgeschichte, theatralisches Bilderbuch aus unverwüstlichem Granit und Zeichen bretonischer Frömmigkeit zugleich.

Beim steinernen Personal nie fehlen darf Ankou, der Tod. „Ich töte Euch alle", ruft der bretonische Sensenmann über dem Weihwasserbecken in La Roche-Maurice aus und führt Landmann, Liebende, Arzt und Papst zu einem makabren Tanz. Doch die Musik spielte bald schon woanders. Als die englischen Märkte im 17. Jahrhundert wieder abge-

Der bretonische Prinz

Seit 200 Jahren wird die aus dem Mittelmeerraum stammende Pflanze in der Bretagne angebaut. Unter dem Label „Prince de Bretagne" macht das Gemüse aus der Gegend von St-Pol-de-Léon weltweit Furore. Ceinture dorée, goldener Gürtel, wird das fruchtbare Umland von St-Pol genannt. Neun von zehn Artischocken, aber auch drei von vier Blumenkohlköpfen, die in Frankreich geerntet werden, stammen von hier. Dazu Brokkoli, Eisbergsalat, Lauch, Möhren, Zwiebeln. Der mächtige Verband der

Gemüsebauern SICA wurde bereits 1961 gegründet. Proteste gegen verfallende Gemüsepreise gingen der Gründung voraus. Die Bauern aus St-Pol-de-Léon stürmten Rathäuser, blockierten Straßen und entzündeten Scheiterhaufen aus Artischocken. Der Großhandel wurde von den aufgebrachten Bretonen ausgeschaltet, die Feldfrüchte wurden nur noch auf Dorfplätzen und in den Städten direkt vom Anhänger verkauft.

3000 Bauern schlossen sich schließlich zur SICA zusammen, schufen das Label „Prince de Bretagne", unter dem heute ihr Gemüse weltweit vermarktet wird. Frankreichs wichtigster Umschlagplatz für Artischocken und anderes Gemüse ist der Marché du Cadran am Ortsrand von St-Pol-de-Léon. Hunderte Lose mit dem Qualitätslabel „Prince de Bretagne" wechseln hier pro Stunde den Besitzer. 40 Prozent davon für den Export. Und der Trend? Geht zu bio, auch bei den Artischocken.

Vis-á-vis von Brignogan-Plage:
Dünenlandschaft bei Kar-Emma

Surferparadies Crozon:
Strand an der Anse de Dinan

Reicht wie ein skandinavischer Fjord kilometerweit ins Land:
Aber Benoît an der Côtes des Légendes

Der Pont de Recouvrance verbindet seit 1954 Brests Zentrum
beiderseits des Flusses Penfeld

1988 entstand dieses Werk des
Künstlers Marcel Van Thienen in
Brest – sein Name „Recouvrance"
bedeutet nicht nur Erholung, son-
dern ist auch der Name eines
Stadtteils von Brest

schottet wurden, ging es mit dem Léon
wirtschaftlich bergab und das Geld für
weitere umfriedete Pfarrhöfe aus.

Sturm und Tang

Abers werden die tief ins Land reichen-
den, trogförmigen Mündungstäler an
der Nordküste des Finistère genannt.
Winzige Häfen verstecken sich im
Schutz der Felswände. Wie schutzlos die
Küstenorte ohne die besondere Topo-
grafie der Mündungstäler dem Atlantik
ausgeliefert wären, zeigt sich im als
Freilichtmuseum unterhaltenen Weiler
Meneham. Mehrmals wurden die Häuser
vom Sand begraben, den Wellen über
die Reetdächer schaufelten. In den

1950er-Jahren verließen die Einwohner
Meneham endgültig, das nun nach und
nach wieder freigelegt wird.

Ein paar Schritte weiter dümpeln
Fischerboote unschuldig auf dem Wasser.
Bei sinkender Flut kann man hier und da
einen Algenfischer treffen. Die Pêcheurs
d'Algues der Côte des Abers schneiden
mit der sogenannten Guillotine, einer
Art Sense, die Algen vom Meeresboden
ab. Das Seegras wurde früher an Land
getrocknet und in Granittrögen ver-
brannt, um daraus natronhaltige Pott-
asche zu gewinnen. Heute ist der Verkauf des nassen Tangs an die Kosmetik-
und Nahrungsmittelindustrie lukrativer.
Wichtigster Umschlagplatz ist der Hafen

Von Brests Château genannter Festung geht der Blick über den Fluss auf den im 14. Jahrhundert errichteten Wachtturm Tour Tanguy, der eine umfangreiche Dioramensammlung zum Brest von gestern beherbergt

von Lanildut an der Mündung des Aber Ildut. Bei Ebbe laufen die Tangkutter aus, um zwischen den Riffs das Seegras abzuernten. Der Scoubidou, ein hydraulisch betriebener Kranarm hat die traditionelle Guillotine ersetzt. Vom Kai bringen Lastwagen die glitschige Fracht in eine der beiden Fabriken nach Lannilis oder Landerneau, wo die Algenernte weiterverarbeitet wird.

Doch Alge ist nicht Alge. 370 Arten wachsen an der Côte des Abers. Macht das bedeutendste Algenfeld Europas. Am meisten verbreitet ist der an den Bläschen erkennbare und zu den Braunalgen gehörende Blasentang, der als exzellenter Dünger gilt.

Frankreichs maritimer Naturpark
Nebelschwaden huschen über den ratzekahlen Buckel des Ménez-Hom. Wo Wind und Wetter den Heiligen Berg der Bretagne nicht gänzlich glattgescheuert haben, ducken sich knöchelhohes Heidekraut, windverzurrter Ginster und Farn vor der steifen Brise weg. Moospolster leuchten fluoreszierendgrün. Der 330 Meter hohe Berg ist ein magischer Ort. De Gaulle nutzte seinen ersten Tag im Ruhestand zur Besteigung. Tauchte jetzt der Schatten des ehemaligen französischen Präsidenten aus dem Nebel auf, man würde sich nicht wundern. Ebenso wenig wie über einen mit Sichel und Zaubertrank bewaffneten Druiden.

Bevor es dazu kommt, reißt der Himmel auf. Ganz in der Ferne ist die wie ein Dreizack in den Parc Naturel Marin d'Iroise ragende Halbinsel von Crozon auszumachen. Frankreichs erster nationaler Meeresnaturpark umfasst 3550 Quadratkilometer Wasser und eine Handvoll Inseln in der Mer d'Iroise, der türkisblauen See an der Schnittstelle von Ärmelkanal und offenem Atlantik. Über 300 Algenarten, 120 Fischarten, ein gutes Dutzend Seevogelarten, Seesäugetiere wie Delfin und Robbe stehen hier unter Schutz. Sitz ist in Le Conquet an der Westspitze des Finistère. Ein bisschen fester Grund unter den Füßen muss auch hier sein.

ZUKUNFT

Inseln am Scheideweg

Elf bewohnte Inseln, Dutzende menschenleerer Eilande und unzählige nackte Felsbuckel zählt die Bretagne. Die meisten Inseln kämpfen mit Bevölkerungsrückgang. Oft entscheiden schlicht die Wetterdaten und die Entfernung zum Festland über das Schicksal der Insel.

Ouessant, Frankreichs am weitesten vom Kontinent entfernte Atlantikinsel zählt knapp 900 Einwohner, 300 Schafe, drei Supermärkte und drei Fischer. Hinzukommen fünf Strände und knapp 90 Nebeltage pro Jahr. „Man hat nur eine Wahl, wenn man sich für Ouessant entscheidet", stellt Ondine, Tochter eines Seemanns und Enkelin eines 1955 samt Boot spurlos auf See verschwundenen Fischers nüchtern fest, „entweder du gründest dein eigenes Unternehmen, oder du suchst dir einen Job im Tourismus." Die offiziell diplomierte Fremdenführerin hat in La Rochelle Umwelttechnik studiert – und ist dennoch nach Ouessant zurückgekehrt, eine Ausnahme.

Alle bretonischen Inseln verlieren an Einwohnern, so verschieden sie auch sein mögen. Belle-Ile, die bekannteste, ist einhundertundfünfzig Mal so groß wie Sein, das Winzinselchen vor der Pointe du Raz. Nach Ouessant und Molène braucht die Fähre über eine Stunde, zur L'Ile aux Moines im Golf von Morbihan fünf Minuten. Auf Groix leben über 2000 Menschen, auf Hœdic nicht einmal

Ondine Morin auf Ouessant sieht sich mehr als „Sturmführerin" als eine Fremdenführerin

Irgendwann bleiben auch Ouessants Fischer an Land – der Nachwuchs ist dünn gesät

100. Bréhat wurde zur blühenden Boutique-Insel aufgehübscht, der Glénan-Archipel blieb eine Ansammlung von baum- und strauchlosen Sandbänken. Auf Houat sind die Einwohner traditionell Fischer, auf Batz leben sie als Bauern und Gärtner. Mal

ist die Insel ein Ort granitgrauer Melancholie, mal ein Ort strahlendblauer Heiterkeit. Beides gilt im Prinzip freilich für alle bretonischen Inseln und hat überwiegend auch etwas mit der jeweiligen Inselwetterlage zu tun.

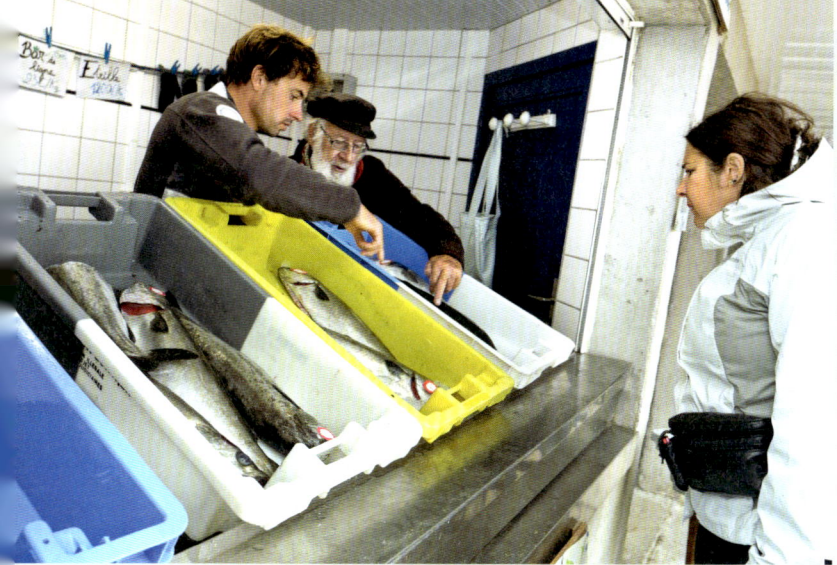

Der „Fischmarkt" in Ouessants Hauptort Lampaul ist überschaubar, die Ware aber unübertroffen frisch (oben). Auf halbem Weg nach Ouessant: Mancher Segler ist froh, im Sturm schutzsuchend den kleinen Hafen der Ile Molène anlaufen zu können. So sind selbst die kleinen Inseln der Bretagne wassersporttouristisch weiterhin wichtig (unten)

Apropos Wetter: Ein halbes Dutzend Mal im Jahr muss der Fährverkehr nach Molène wegen schweren Seegangs eingestellt werden. Auf der kahlen Nachbarinsel von Ouessant bereitet die Entvölkerung Sorge. Der letzte Supermarkt hat geschlossen. Auf die Schule geht ein einziges Kind. Das Schicksal von Molène als ein nur zwischen Ostern und Allerheiligen betriebenes Ferienidyll scheint seinen Lauf zu nehmen.

Die Hoffnung stirbt zuletzt

Auf Ouessant ist noch nicht entschieden, welchen Weg die Insel nehmen wird. Es gibt einen ambulanten Krankenpflegedienst rund um die Uhr. Ein Biobauer hat sich neu angesiedelt. Die Gemeinde hat für junge Paare ein paar Häuser im inseltypischen Stil gebaut, deren Mieten bezuschusst werden. „Wenn wir Jungen uns hier halten können, bleibt Ouessant eine ganzjährig belebte Insel mit einem anderen Leben als nur dem Tourismus," hofft Ondine, die, so wird es immer wieder deutlich, eigentlich nicht woanders leben möchte.

„Als Kind bin ich in Windeln durch die letzte Bar von Batz gelaufen, denn sie gehörte meinem Vater", erinnert sich François Lesaoût. „Es gibt keine Bar mehr auf der Insel, nur noch Crêperien", fügt der heutige Inhaber des Radverleihs im Inselhauptort hinzu. Womit der Werdegang der vier mal eineinhalb Kilometer großen Insel beschrieben wäre.

Batz, zurzeit 596 Einwohner, siebzehn Strände und 160 Hektar bewirtschafteter Felder, liegt mit der Fähre lediglich 20 Minuten von Roscoff entfernt. Entsprechend zahlreich sind die Tagestouristen. Die Nähe zum Kontinent und das milde Klima haben die Insel zudem zum Zweitwohnsitz einer Internationale von Ferienhausbesitzern gemacht. Vom sturmgeladenen Hochseeklima, das Ouessant beherrscht, ist auf Batz dank Golfstrom wenig zu spüren. Und auch das ist ein Grund, warum die Zahl der Insulaner ziemlich konstant bleibt.

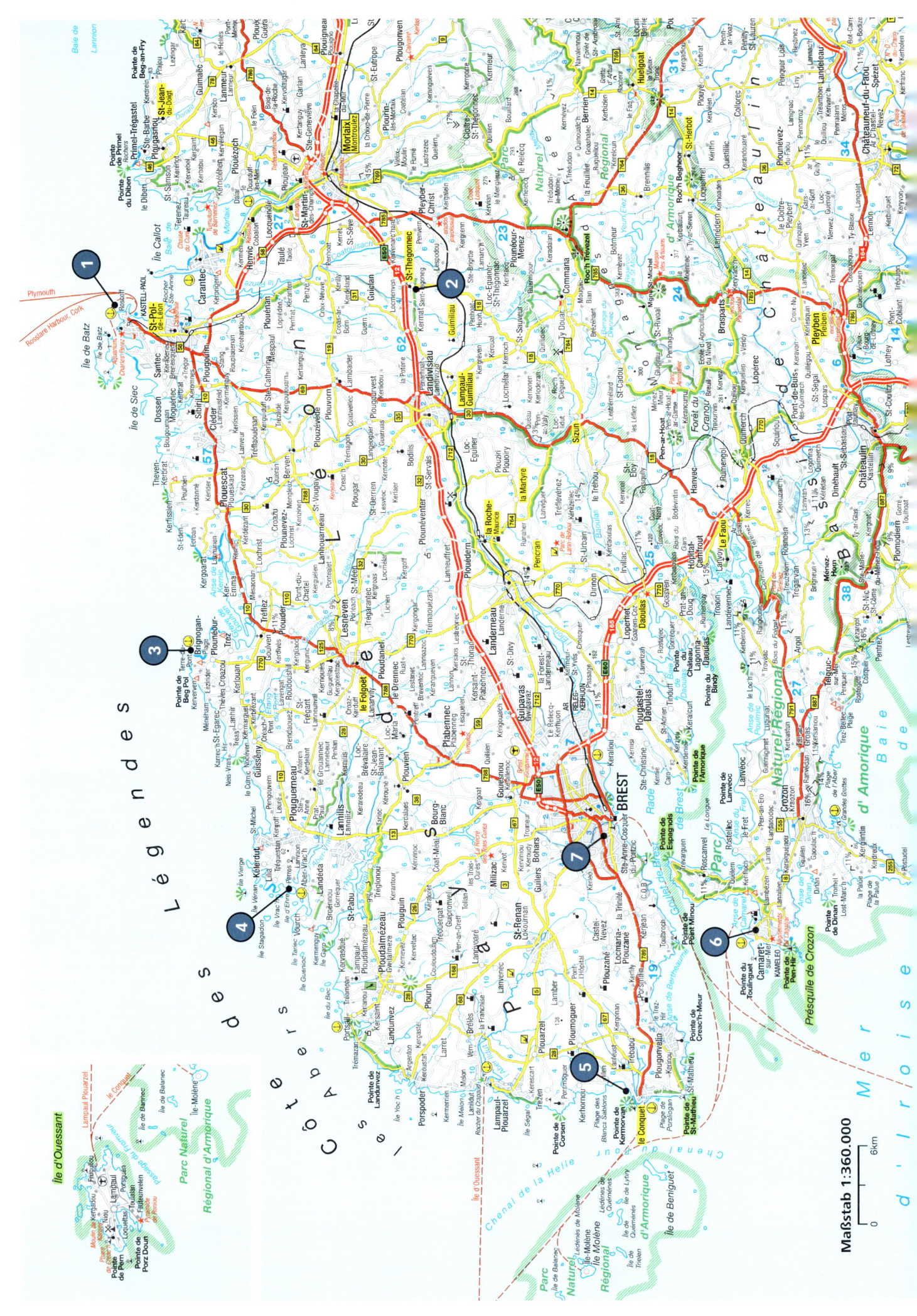

Maßstab 1:360.000

0   6km

Bretonisches Land's end

Wo für die Römer die Welt endete, sind die Strände pulverweiß und erscheinen endlos. Fast immer weht ein frischer Wind, der viele Wassersportler unwiderstehlich aufs Meer lockt. Hochseegefühle kommen auf den Inseln auf, wo die steife Brise gern noch einmal eins zulegt.

❶ Roscoff

Der Fährhafen nach England und Irland (3800 Einw.) gilt seit 1899 als Wiege der Thalassotherapie. Colette, Farah Diba und Zita von Bourbon-Parma sorgten einst für Glamour. Wichtiger waren allerdings schon immer Zwiebeln. Diese wurden jenseits des Ärmelkanals in England auf den Markt gebracht, wo man die Männer als „Johnnies" begrüßte.

SEHENSWERT
Der mit steinernen Laternen gespickte Glockenturm von **Notre-Dame-de-Croatz-Batz** (um 1500) ist das Wahrzeichen der Stadt. In der **Maison des Johnnies** erfährt man alles über die Männer, die nach England übersetzten, um Zwiebeln zu verkaufen; Letztere tragen heute das Qualitätslabel AOC Oignon de Roscoff (48, Rue Brizeux; Führungen Mitte Juni–Mitte Sept. Mo. 15.00 und 17.00, Di.–Sa. 11.00, 15.00 und 17.00, Febr.–Mitte Juni und Mitte Sept.–Nov. Di., Do. und Fr. 15.00 Uhr).

HOTEL
Mit einer frischen Prise Design und Blick auf den alten Hafen überrascht das Hotel €€/€ **Chez Janie** (5, Rue Gambetta, F-29680 Roscoff, Tel. 02 98 61 24 25, www. chezjanie.fr).

UMGEBUNG
Riffe umgeben die **Ile de Batz** TOPZIEL. Hauptziel der Tagesausflügler sind die Dünenstrände und der Jardin Exotique Georges-Delaselle, wo Feigen und Palmen vom milden Mikroklima berichten (April–Okt. 11.00–18.00 Uhr). **St-Pol-de-Léon** (südl.) liegt inmitten Artischocken- und Blumenkohlfeldern. Der schlanke Turm der Kapelle Notre-Dame-du-Kreisker war ab dem 15. Jh. Modell für das steinerne Spitzenklöppelwerk der Kirchtürme im Léon.

INFORMATION
Office de Tourisme, Quai d'Auxerre, F-29680 Roscoff, Tel. +33 (0)2 98 61 12 13, www.roscoff-tourisme.com

❷ St-Thégonnec

Das Kuppel- und Laternengebirge von St-Thégonnec (2600 Einw.) stellt alle umfriedeten Pfarrbezirke des Léon in den Schatten.

Tipp

Paradies für Strandsegler

360 ha feuchter Sand bilden eine feste Piste und machen die Grève de Goulven zum Paradies für Strandsegler (Char à voile). Wie einfach das Vergnügen zu erlernen ist, erfährt man im Centre Nautique Kermor B3. Belohnt wird die Mühe mit einem berauschenden Gefühl – ein pures Glück.

INFORMATION
Centre Nautique Kermor B3, F-29890 Plounéour-Trez, Tel. 02 98 83 54 77, www.revesdemer.com

SEHENSWERT
Im Ort entstand Ende des 16. Jh. der letzte große **Enclos paroissial** TOPZIEL der Bretagne. Das Beinhaus (1682) ist ein grandioser Knochenpalast. Die Kirche Notre-Dame zeigt eine barocke Ausstattung.

UMGEBUNG
Der Pfarrbezirk von **La Martyre** (südw. bei La Roche-Maurice) ist der älteste der Bretagne. Er vereint alle Elemente eines Enclos paroissial: Umfriedungsmauer, Beinhaus, Kirche mit Prachtportal, Triumphbogen, Kalvarienkreuz, Sakristei und Friedhof. Auch in **Sizun,** etwas südöstl., eröffnet ein Triumphportal den Zugang zum Pfarrbezirk. Das Beinhaus sucht seinesgleichen: An der Fassade räkelt sich das Fabelwesen Mélusine mit nacktem Busen und Schlangenunterleib. In **Commana** etwas weiter östl. zeigen zwei reich mit Figuren verzierte Kalvarienkreuze in den Himmel; im Kircheninnern besticht die verschwenderische Ausstattung. Weitere umfriedete Pfarrbezirke bieten **Guimiliau, Lampaul-Guimiliau, La Roche-Maurice, Ploudiry** und **Landivisiau.**

INFORMATION
Office de Tourisme, 13, Place de la Mairie, F-29410 St-Thégonnec, Tel. +33 (0)2 98 79 67 80, www.tourisme-morlaix.fr

Zwischen Granitgrau und bunter Blumenpracht: Ile de Batz. Seit 1902 Orientierung für die Schiffe: Europas höchster Leuchtturm auf der Ile Vierge an der Einfahrt in das Aber-Vrac'h

③ Brignogan-Plage

Bescheidene Villen und Fischerhäuschen wechseln an der Bucht des erfrischend untouristischen Orts (900 Einw.). Ringsherum breiten sich makellose Dünenstrände aus.

SEHENSWERT

Zwischen übereinander gewürfelten Felsen ragt seit 1869 der kleine **Leuchtturm von Pontusval** empor. Hinter dem Strand versteckt sich die **Chapelle Pol** (1870) mit Kalvarienberg und benachbartem Zöllnertürmchen.

UMGEBUNG

In **Goulven** scharen sich Granithäuser um die gotische Kirche, deren reich verzierter Glockenturm wie ein steinernes Spitzentuch den Himmel durchbricht.
Nach jahrzehntelangem Dornröschenschlaf erwacht **Meneham** Granitkate für Granitkate zu neuem Leben. Das von den Dünen einst verschluckte Dorf wird von Künstlern neu belebt. Ein Museum erklärt, dass die früheren Einwohner u. a. von der Algensuche gelebt haben (Juni–Sept. tgl. 10.00–12.30 und 14.00–18.00/ 19.00 Uhr, sonst kürzer; www.tourisme-lesne ven-cotedeslegendes.fr/village-de-meneham).

INFORMATION

Côte des Légendes, Office de Tourisme, Place des 3 Piliers, F-29260 Lesneven, Tel. +33 (0)2 29 61 13 60, www.tourisme-lesneven-cotedeslegendes.fr

④ Aber Vrac'h

Hinter dem Ort (450 Einw.) an der mit 32 km längsten Trogmündung der Côte des Abers schließt die Baie des Anges an, von der es ein Katzensprung bis zur Halbinsel Ste-Marguerite ist. Meterhohe Dünen auch hier, gerahmt von Felsen und Inselchen im Meer.

Tipp

Volkssport Strandfischen

Das Suchen von Schwertmuscheln, Rankenfußkrebsen und Plattaustern bei Ebbe ist in der Bretagne ein Volkssport. Was man beachten muss, wo das „Strandfischen" erlaubt ist und die richtige Technik erklärt Joel Le Guirrec, der das zauberhafte Chambre d'hôte „Ty Bihan" an Nordküste der Halbinsel von Crozon führt und diplomierter Wanderführer ist.

INFORMATION

Ty Bihan, Kervézennec, F-29590 Le Faou, Tel. 02 98 81 93 84, www.gite-rando-bretagne.fr

Vor Lampaus Kirche auf Ouessant (links). In der Kirche von St-Thégonnec (rechts oben). In der Bar „Ty Korn" auf Ouessant (rechts unten)

HOTEL UND RESTAURANT

Grandiosen Seeblick und eine kreative Terroirküche bietet das €€€/€€ **Château de Sable** (38, Rue de l'Europe, F-29840 Porspoder, Tel. 02 29 00 31 32, www.lechateaudesablehotel.fr; Restaurant So. abends, Mo. und Di. geschl.).

UMGEBUNG

8 km reicht der **Aber Benoît** (westl.) ins Land. Am Ufer duckt sich **St-Pabu**: Fischer, Austernzüchter und Tangbauern bevölkern die Szenerie. Dichtes Grün rahmt weiße Strände, an denen das Wasser in Karibiktönen leuchtet. 1978 zerbrach die „Amoco Cadiz" an den Riffen von **Portsall** (nördl. von Ploudalmézeau). 230 000 t Öl verschmutzten die Küste. Am Hafendeich erinnert der Anker der „Amoco Cadiz" an die Katastrophe. Ansonsten wirken das charmante Städtchen und die unverbaute Küste wieder unberührt wie vor dem Unglück.

INFORMATION

Office de Tourisme du Pays des Abers, La Capitainerie, F-29870 Aber Vrac'h, Tel. +33 (0)2 98 04 94 39, www.abers-tourisme.com

⑤ Le Conquet

Das Hafenstädtchen (2700 Einw.) ist für Hummer und Langusten bekannt und kann zudem mit sanierten alten Gemäuern und der 2,5 km langen Plage des Blancs Sablons punkten. In Le Conquet legen die Fähren zu den Inseln Molène und Ouessant ab.

RESTAURANT

Fischbistro, nette Bar und Inseltreffpunkt in einem ist das €€ **Ty Korn** neben der Kirche von Lampaul (Le Bourg, Ile d'Ouessant, Tel. 02 98 48 87 33; So. und Mo. geschl.).

UMGEBUNG.

An der **Pointe de St-Mathieu** (südl.) scheint der Leuchtturm (1835) aus der Ruine des im 6. Jh. gegründeten Klosters zu wachsen. Molènes 213 Bewohner prägten den Spruch: „Qui voit Molène, voit sa peine" – Wer **Molène** erblickt, hat seine liebe Not. Die Insel ähnelt einer struppigen Weide. Im alten Leuchtfeuer werden Fundstücke untergegangener Schiffe, allen voran der 1896 aufgelaufenen „Drummond Castle" gezeigt (Sa., So. und Schulferien 10.00–17.30 Uhr).

In der Hochsaison spucken die Fähren Scharen von Tagestouristen auf die mit salzresistenten Gräsern bewachsene Insel **Ouessant**. Tölpel-lumme, Kormoran, Austerntaucher, Zwergpinguine nisten in den Felsen. Hinzu kommt eine Graurobbenkolonie. Der Phare du Créac'h (1863) beherbergt ein Leuchtturmmuseum (Juli und Aug. tgl. 10.30–18.00 Uhr).

INFORMATION

Office de Tourisme, Parc de Beauséjour, F-29217 Le Conquet, Tel. +33 (0)2 98 89 11 31, www.tourisme-leconquet.frm

⑥ Camaret

Der Sillon, ein 600 m langer sichelförmiger Naturdamm, schützt den Hafenort (2700 Einw.). Ihn säumen zerborstene Schiffsrümpfe, was Camaret zu einem der malerischsten Schiffsfriedhöfe der Bretagne macht.

SEHENSWERT

In der Pfarrkirche **Notre-Dame-de-Rocamadour** (16. Jh. und 1911) hängen Schiffs-Exvotos unter dem Gebälk. Die ziegelrote **Tour Vauban** daneben entwarf der Festungsbauer 1689 zum Schutz der Reede von Brest.

AKTIVITÄTEN

Südl. von Camaret führt der Küstenwanderweg (Sentier Côtier) zur **Pointe de Pen-Hir**. 70 m hoch trotzt das zerspaltene Felskap den Fluten.

UMGEBUNG

Am **Cap de la Chèvre** weicht die Vegetation nacktem Fels. Auf der Westseite erstrecken sich die Dünen der Plage de la Palue. Nach Norden baut sich die Küste zu hohen Klippen auf. Der 330 m hohe **Ménez Hom** an der Strecke östl. nach Chateaulin gilt als Heiliger Berg und ist Teil des Regionalnaturparks Armorique. Vom kahlen Gipfel schaut man über die Halbinsel von Crozon, die Pointe du Raz, zur Landseite über die Monts d'Arrée und Montagnes Noires.

INFORMATION

Office de Tourisme, Boulevard de Pralognan-la-Vanoise, F-29160 Crozon, Tel. +33 (0)2 98 27 07 92, www.tourisme-presquiledecrozon.fr und www.presqu-ile-de-crozon.de

 Brest

Die Rolle als Frankreichs wichtigster Kriegshafen wurde der Stadt (145 000 Einw.) an einer 150 km² großen, nur durch eine enge Einfahrt zu erreichenden Reede zum Verhängnis. Brest wurde im Zweiten Weltkrieg buchstäblich pulverisiert. Es folgte ein Wiederaufbau in Beton. Dann ein Kurswechsel – Kulturzentren und Museen entstehen, angeschlagene Fassaden werden aufgefrischt, ein Ozeanografisches Forschungszentrum und ein sattes Freizeitangebot setzen neue Akzente.

SEHENSWERT

Das **Hôtel de Ville** im späten Art déco der 1950er-Jahre dominiert die weite Place de la Liberté. Das **Hôpital Auguste Morvan** zu seiner Linken stammt aus den 1930er-Jahren und gab mit klaren Formen das architektonische Stichwort für die Großbauten nach 1945.
Vom **Pont de Recouvrance** erhascht man aus 22 m Höhe einen Blick auf den Port de l'Arsenal, den Marinehafen. Die Brücke kann für Schiffspassagen auf 48 m Höhe gekurbelt werden. Grüne Flaniermeile und so etwas wie der Balkon von Brest ist der **Cours Dajot** mit Blick über die Reede, die Mündung des Elorn und bei klarer Sicht bis zum Menez Hom.

MUSEEN

Das **Musée National de la Marine** im Château (überw. 15./16. Jh.) zeigt Exponate zur Geschichte der französischen Marine (www.musee-marine.fr; April–Sept. tgl. 10.00–18.30, sonst tgl. 13.30–18.30 Uhr). Mit dem Bau der Burg wurde im 12. Jh. auf den Überresten eines römischen Castrums begonnen; von der Südseite hat man einen guten Blick auf die Reede.
Océanopolis ist als Begegnungsforum von Publikum, Wissenschaft und Industrie gedacht. Mit dem Bau erhielt Brest als Hauptstadt der europäischen Ozeanografie ein publikumswirksames Schaufenster, dessen 9000 m² Ausstellungsfläche Navigation, ozeanografischer Forschung und maritimen Ökosystemen gewidmet sind. In den Aquarien werden Gezeiten simuliert und die Fischvielfalt in der Reede von Brest gezeigt (Port de Plaisance du Moulin Blanc, www.oceanopolis.com; Mai–Mitte Sept. tgl. 9.30 bis 18.00, sonst Di.–So. 10.00–17.00 Uhr).

INFORMATION

Office de Tourisme, Place de la Liberté, F-29200 Brest, Tel. +33 (0)2 98 44 24 96, www.brestetvous.frm

Genießen   Erleben   Erfahren

DuMont Aktiv

Nächster Halt: Kunstwerk

„Kunst an der Linie" verspricht die 2012 neu eröffnete Straßenbahnlinie von Brest. Zwischen „Porte de Plouzané" im Westen und „Pontanézen" im Nordosten erwartet den Fahrgast an zehn Haltestellen ein Kunstwerk. Arty Tram heißt die Straßenbahnlinie in Künstlerkreisen. Prominentes Werk dürfte nicht allein wegen der Lage am südlichen Ende der Rue de Siam (Haltestelle „Château") die zwölf Meter hohe Skulptur „L'Arbre empathique" des aus Barcelona stammenden Künstlers Enric Ruiz Geli sein. Der Spanier, der bereits im New Yorker Museum of Modern Art und auf der Biennale in Venedig ausgestellt hat, schuf einen Baum, der halb aus Metall, halb aus natürlichem Grün besteht. Videokameras beobachten das Geschehen hoch oben, etwa die Nistversuche von Vögeln.

Nicht weniger raumergreifend sind an der Haltestelle „Dupuy de Lôme" die „Cylindres vibrants" von Hughes Germain. Der in Brest geborene und arbeitende Künstler bringt die drei rabenschwarzen, riesigen Metallzylinder zum Sprechen. Wenn man sich dem Werk nähert, wird der tiefe Vibrationsbass der Zylinder von vier Lautsprechern übertragen. Als Passant steht man dadurch in einer Art Tonglocke. Der Ton kommt und geht wie die Gezeiten, die den Alltag von Brest bestimmen.

„Les Lacs", das Werk der 2008 in Paris verstorbenen ungarischen Künstlerin Marta Pan an der Haltestelle „Siam", stammt aus dem Jahr 1988, wurde also nicht eigens für den Arty Tram entworfen. Wie bei vielen Werken von Marta Pan steht auch bei „Die Seen" Wasser im Vordergrund. Hier sprudelt es in einer Abfolge von konischen und zylindrischen Becken, die in ihrer Dunkelheit an Vulkanmaare erinnern und ins Pflaster der verkehrsberuhigten Rue de Siam eingelassen sind. Ganz anders „Les Jetées" von Didier Faustino an der Haltestelle „Place de Strasbourg". Vier Treppen ragen wie Sprungschanzen in die Luft, scheinbar ohne Ziel. An genau dieser Stelle aber soll einmal eine künftige zweite Straßenbahnlinie den Arty Tram kreuzen.

Weitere Informationen

Bereits 2009 hatte die Stadt Brest beschlossen, eine Million Euro bereitzustellen, um den öffentlichen Raum entlang der Straßenbahnlinie 1 mit attraktiven Kunstwerken zu schmücken. Brest hatte übrigens schon von 1898 bis 1944 mehrere Straßenbahnlinien. Eine Übersicht und detaillierte Beschreibungen zu den Kunstwerken Œuvres d'art du Tramway ist unter www.brest.fr/culture/arts-plastiques/oeuvres-dart-du-tramway.html zu finden.

„L'Arbre empathique" des Künstlers Enric Ruiz Geli

Grauer Granit an der Südsee

Seit jeher prägt mittelaltergrauer Granit die Ortschaften auch an der bretonischen Südküste – allerdings erwärmt von über 2000 Sonnenstunden im Jahresmittel, ein Drittel mehr als an der Nordküste. Kein Wunder, dass Paul Gauguin Südseegefühle überfielen, als der Maler in Pont-Aven zum Pinsel griff und die südbretonischen Landschaften farbkräftig auf die Leinwand bannte.

Locronan östlich von Douarnenez: Der Ort zeigt sich noch komplett mittelalterlich und diente manchem Film als Kulisse

Pointe de la Torche nördlich des Fischerortes Le Guilvinec: Blick über die Sandbucht von Audierne

Spitz wie seine traditionellen Hauben ragen die Landzungen des Pays Bigouden in den Ozean.

Niemals," schmetterte Madame Le Coz noch einige Tage vor dem Abriss ihres Hotels jedem entgegen, der wissen wollte, wann das Haus schließen würde. 1996 waren alle Klagen der streitbaren alten Dame vor Gericht abgeschmettert. Die Bagger kamen und machten außer dem Hotel auch die Ramschboutiquen- und Schnellimbissmeile an der Pointe du Raz, der Westspitze des Kaps, dem Erdboden gleich. 20 Jahre später erinnert nichts mehr an das „Hôtel de L'Iroise", das Madame Le Coz von 1950 bis 1996 im Niemandsland von Heidekraut und Ginster betrieben hatte. Und übrigens ohne Baugenehmigung hatte bauen lassen.

Für Madame Le Coz war der Abriss schmerzlich, für das spektakulär in den Atlantik vorpreschende Kap war es Rettung in letzter Minute, wieder einmal. Mitte der 1970er-Jahre sollte ein Atomkraftwerk vor die Pointe du Raz gesetzt werden. Mitterand fegte die Pläne 1981 vom Tisch. Noch immer aber setzten die Besuchermassen dem Kap kräftig zu. Man fuhr mit dem Auto bis fast an die Felskante vor, parkte nach Belieben, um sich dann kreuz und quer zu verteilen und alles Grün zu zertrampeln. Fini. Die Pointe du Raz wurde zum Grand Site National erklärt. Es folgte ein Masterplan zu ihrer Rettung. Die geschundenen Flächen wurden renaturisiert. Das neue Besucherzentrum und ausgewiesene Parkplätze ducken sich in die Heide. Wanderwege dämmen nun den Strom von jährlich mehr als drei Millionen Füßen ein.

Frischer Fisch

Morgens um sechs Uhr in Le Guilvinec: Die Trawler der Hochseefischer laufen nach bis zu zweiwöchiger Fahrt in den Hafen ein. Nachmittags um 16.30 Uhr wiederholt sich das Wasserballett, wenn die papageivogelbunte Flotte der Küstenfischer am Kai vor der Criée, der Fischauktionshalle, anlegt. Zusammen machen die 104 Boote den Hafen von Le Guilvinec zu Frankreichs Nummer 1 für frischen, nicht tiefgefrorenen Fisch.

Und die Criée ist die drittgrößte Fischversteigerungshalle des Landes. Das Angebot ist umwerfend, das Treiben der Mareyeurs (Fischgroßhändler), die ihre Angebote blitzschnell in ein unscheinbares Handgerät tippen, spannend. Zugucken darf man nur bei Führungen. Die gibt es morgens und nachmittags, mit oder ohne Verprobung von Demoiselles du Guilvinec – also Langustinen –, in der Gruppe oder mit Crashkurs im Fischsuppekochen.

Neben Le Guilvinec zählen ein paar weitere Häfen der Südbretagne zu den wichtigen Fisch- und Meeresfrüchte-

Das Pays Bigouden dokumentiert seine Frömmigkeit
überall und steinhart

307 Treppenstufen führen hinauf zur Laterne des Phare d'Eckmühl,
einer der beliebtesten Sehenswürdigkeiten am Finistère

Ein Kap weiter nördlich: Bei St-Guénolé zeigt sich die Küste
nicht weniger ruppig als am Phare d'Eckmühl bei Penmarc'h

Le Guilvinec wurde wegen seiner Langoustines-Fischer zum Site remarquable du Goût, zu einem „für den Geschmack herausragenden Ort", geadelt

Einst lebte man von der Segeltuchweberei. Heute vermarktet Locronan gekonnt sein mittelalterliches Ortsbild

Fischversteigerung ist auch in Le Guilvinec ein überaus nüchternes Geschäft – erst in den Restaurants zeigen sich die Meeresbewohner ansprechend präsentiert

Die gemütliche abendliche Touristenszenerie kann nicht darüber hinwegtäuschen: Douarnenez ist unverändert ein wichtiger Fischereistandort

Kommissar Dupin

Special

Ein bretonischer Kommissar aus deutscher Feder

. . . .

Unter dem Pseudonym Jean-Luc Bannalec schickt ein deutscher Autor mit Zweitwohnsitz in der Südbretagne Kommissar Dupin auf die Spur des Verbrechens.

Das Strickmuster ist einfach: ein paar Leichen, viel Lokalkolorit und beim Leser das Gefühl, ebenso in die Geheimnisse der Südbretagne eingeweiht zu sein wie der lokalkundige Autor. Das Lieblingsrestaurant von Monsieur le Commissaire etwa ist das weltabgewandte „Ar Men Du" am Strand von Raguenès. Und die Ursprünge des Festival des Filets Bleus in Concarneau kann Dupin im Schlaf aufsagen. Bleibt die Frage: Wer ist der Schriftsteller, der seinen wahren Namen nicht verraten möchte?

Ein Besuch in Bannalec bringt nichts. Etwas weiter in Concarneau hingegen ist der Mann, wenn nicht namentlich, so doch als existierender Krimiautor

bekannt. Die Hafenstadt stand Kopf, als 2013 „Bretonische Verhältnisse" am Originalschauplatz für die ARD verfilmt wurden. Aus der Maison de la Culture wurde für die Dreharbeiten das Kommissariat – so echt, dass ein Urlauber hier sein Rad als gestohlen melden wollte. Zuletzt zu sehen war „Bretonisches Gold".

Die Bretagne-Krimis sind in Deutschland Bestseller. Wichtiger noch als die Beschreibungen der Landschaften und ein strafversetzter Kommissar, der die Frauen liebt und die Bretagne lieben gelernt hat, ist für die Region der kleine Touristenboom. Bis zu 60 Prozent mehr Deutsche sollen sich seit Beginn der literarischen Mordserie in der Gegend rumtreiben. 2015 löste Dupin mit „Bretonischer Stolz" seinen vierten Fall. Diesmal ging es um Austern. Das Rätselraten um die Identität des Krimiautors geht weiter.

umschlagplätzen des Landes. Das kleine Loctudy belegt unter den französischen Fischfanghäfen immerhin Platz 10, spielt jedoch bei Langustinen unter den ersten drei mit. Und Concarneau ist mit 216 Booten und 1300 Seemännern Europas wichtigster Hafen für Thunfisch und in Frankreich Nummer 3 bei der Schleppnetzfischerei.

Granit und Beton

Am Ufer des Odet tragen die alten Eichen einen Flaumbart aus blaugrauen Flechten. Palmen ragen vor den herrschaftlich wirkenden Anwesen auf, die sich die Reeder und Händler aus Quimper im 18. und 19. Jahrhundert an den Flussabschnitt zwischen der Stadt und Mündung des Flusses bei Bénodet gesetzt haben. Magnolien breiten majestätisch ihre Kronen aus. Der Golfstrom macht das botanische Wunder möglich. Dank seiner lauen Temperaturen ist Frost an den Küsten der Südbretagne unbekannt, gehören von Kapitänen einst aus den französischen Überseekolonien mitgebrachte Mimosen, Magnolien, Kamelien in Parks und Gärten zum botanischen Inventar, so auch in Quimper.

Über der Hauptstadt des Département Finistère ritzen die nadelspitzen Türme der Kathedrale St-Corentin am Knallblau des Himmels. In den Gassen rund um

Quimper: In diesem schlossartigen Gebäude am Odet residiert heute
der Präfekt des Département Finistère

Quimpers Halles St-François gelten als die am besten sortierten Markthallen der Cornouaille

Quimper ist stolz auf sein kunstvolles Altstadt-Fachwerk, über dem die filigranen Türme der Kathedrale St-Corentin aufragen

Concarneau gehört zu den wichtigsten Fischereiorten Frankreichs und auch Europas

Das Festival des Filets Bleus in Concarneau bezieht sich auf die örtliche Sardinenfischerei und wurde ins Leben gerufen, als dieser Fischereizweig 1905 in eine Erwerbskrise geriet

Das Festival „Filets Bleus" gilt als noch ursprünglich und bietet eine gute Gelegenheit, nicht nur die örtlichen Trachten zu sehen

Jedes Jahr wählt das Festival des Filets Bleus
eine Königin, die ursprünglich aus dem Kreis
der Arbeiterinnen der Fischfabriken stammte.
Heute haben die drei Demoiselles d'Honneur,
die Königin und ihre Stellvertreterinnen,
repräsentative Aufgaben und symbolisieren
Erde und Meer, die Landarbeit und das
Arbeiten auf See

das bleigraue Gotteshaus reihen sich die Boutiquen von Chocolatiers, Pâtissiers und Cidreproduzenten. Bürgerpalais, mal in Fachwerk, mal in Granit, dazwischen ein paar elegante Art-déco-Bauten, künden von altem Wohlstand. Viel alter Stein, viel altes Geld, viele Beamte machen den gediegenen Charme von Quimper aus.

Lorient ist anders. Kein Fachwerk, keine engen Gassen, kein verwitterter Granit, nirgends. Lorient ist weiß, weit. Lorient ist aus Beton. Im Zweiten Weltkrieg bauten die deutschen Besatzer den Hafen zur größenwahnsinnigen U-Boot-Basis aus. Die Alliierten legten die Stadt in Schutt und Asche. Lorient wurde mit

Plätzen und Achsen von stalinistischer Weite, mit Fassaden so weiß wie Segel und mit einem Jachthafen mitten im Zentrum wiederaufgebaut. Die Einwohner des von Ludwig XIV. als Tor zu den Überseekolonien im Indischen Ozean gegründeten Hafens gelten als dynamisch und weltoffen. Schnell fand sich Lorient in seine Rolle als wirtschaftlicher Motor der Südbretagne.

Tahiti liegt in der Bretagne

Vor den austerngrauen Klippen der Pointe de Raguenès schimmert der Atlantik türkisblau. Schaumkronen tänzeln auf den Wellen, die an den pulverfeinen weißen Sandstrand im Westen

der Felsspitze rollen. Seekiefern leuchten unwirklich grün. Dünengras zittert. Der Strand sieht noch genau so unberührt aus wie in den 1880er-Jahren, als Paul Gauguin im nahen Pont-Aven eine Künstlerkolonie anführte. Der Maler soll dem Strand seinen verheißungsvollen Namen verliehen haben: Plage Tahiti.

Gauguin, übrigens in jungen Jahren Offiziersanwärter in der Handelsmarine und später in der Kriegsmarine, schiffte sich 1891 wirklich nach Tahiti ein. Bis dahin aber hatte er der Künstlerkolonie von Pont-Aven den Stempel aufgedrückt und fand hier in der Südbretagne zu seinem bahnbrechenden symbolistischen Stil und dem Bekenntnis zur Farbe.

LAND UND MEER

La Nouvelle Cuisine bretonne

Blutwurst und Galettes, Meeresfrüchte und Crêpes: Schmackhaft und einfach ist die traditionelle Küche. Eine neue Generation südbretonischer Köche aber geht einen Schritt weiter und kreiert aus den Produkten der Region eine aufregende Terre & Mer-Cuisine.

Philippe Le Lay steht im „Henri et Joseph" am Herd

Olivier Bellin hatte nach Stationen bei etlichen französischen Großköchen eine Vision. Der Chef de Cuisine der „Auberge des Glazicks" in Plomodiern wollte aus der einstigen Schmiede der Großeltern „einen gastronomischen Leuchtturm am Ende der Welt schaffen". Knapp 20 Jahre später ist die „Auberge" der experimentierfreudigste und zugleich dem Bretonischen am stärksten verpflichtete Tisch der Südbretagne. Terre et Mer, Land und Meer, lautet Bellins Küchencredo – nichts scheint dem bretonischen Urgestein unmöglich. Als rustikale Schwerkost verschriene Klassiker wie Kig Ha Farz, ein Eintopf aus Buchweizenfladen, Schweinshaxe, Würsten, Wirsing und Karotten, reinterpretiert Bellin als „Kig Homardz": mit Hummer statt mit Fleisch, dazu Zitronenzesten und knusprig gegrillter Iberico-Schinken, mit carpacciofeiner Ananas auf der Blutwurst und einer zweiten Wurst aus Buchweizen. So schmeckt die Bretagne des 21. Jahrhunderts.

Wie Bellin steht in der Südbretagne eine Generation von Köchen für eine Nouvelle Cuisine bretonne. Den Erneuerern hängt das alte Image der bretonischen Küche im Nacken. „Die Bretagne stand für Boudin noir, Buchweizengalettes und Meeresfrüchte", bringt Jean-Christophe Despinasse es auf den Punkt. Der Patron im „Ti Coz" ist Koch, Metzger und Sommelier zugleich. Sein Restaurant nestelt sich in die Feld-, Wald- und Wiesenbretagne im Norden von Quimper ein. Ganz selbstverständlich stehen ein butterzartes, mit glasiertem Gemüse und Rotweinsauce angerichtetes Pavé (Filet) vom Aubrac-Rind neben einer Komposition aus Jakobsmuscheln auf mürbem Tomatensablé mit Fenchel-Apfel-Tandoori und Krustentiercrème.

In Douarnenez erinnert nur noch der Name des „Hôtel de France" an die bescheidene Küche der ehemaligen Vertreterherberge. Das Restaurant heißt jetzt „L'Insolite", „Ungewöhnlich". Ungewöhnlich für den rauen Charme des Hafenstädtchens ist schon der mit knalligen Rot-, Grün- und Gelbtönen gestylte Saal. Nur die alte Vertäfelung durfte bleiben. Die frische Brise wird von gleich zwei Chefs de Cuisine entfacht. Pâtissier

CREUSES
5€50 N°3
la Dz

Cancale ist für seine
Austern bekannt.

In „L'Auberge des Glazicks" kocht mit Olivier Bellin ein Vorreiter der neuen bretonischen Küche

Gael Rusart und Chef de Cuisine Philippe Clauss arbeiten vierhändig in der Küche. Bei hoher Temperatur kurz angebratener Kalmar aus der Bucht von Douarnenez kommt mit einer Espelettechili-Konfitüre auf den Tisch. Dazu gibt es einen Boudin Noir mit Rote-Bete-Chips. Bravo, Messieurs!

Einsam thront das „Ar Men Du" über der Pointe de Raguenès. Am Herd des kleinen familiär geführten Hotels steht mit Patrick Le Guen einer der eigenwilligsten Köche der Bretagne. Le Guens gegrillter Steinbutt mit Rinderjus, gebräunter Butter und Kartoffelgalette gilt als Klassiker einer neuen, auf Regionalität und Produkt konzentrierten bretonischen Küche. Lauwarme Hummerrouladen mit grünem Spargel und Yuzu-Jus oder ein

bei Niedrigtemperatur gegarter Glattbutt mit krosser Buchweizenscheibe und Sommertrüffeln haben das Zeug dazu. Hier kocht ein Ausnahmekoch an einem Ausnahmeort.

Der beste Tisch von Lorient verblüfft zunächst durch die Lage – in all den grellen Hinweisschildern des Gewerbeparks zwischen Flughafen und Innenstadt geht das Restaurant von Jean-Claude Abadie fast unter. Drinnen signalisieren graue Keramikbodenkacheln, blütenweiße Schalenfauteuils, skulpturale Tische, dass dies kein Ort für Bretagnefolklore ist. Die Menüs heißen „Verweigerung des Überflüssigen" und „Scheinbare Einfachheit". Hummer schwenkt Abadie kurz in Butter, gibt dazu grünen Spargel, Rübchen, Lauch und ein Kumquat-Mandarine-Kompott, und würzt das Ganze mit Halong-Curry, den ein thailändischer Freund mischt. „Cuisine simple" nennt der Koch seine Küche. Mehr Understatement geht kaum.

Die Alternative in Lorient lautet „Henri et Joseph". Chef de Cuisine Philippe Le Lay kommt an den Tisch, um das Menü zu präsentieren. Unnötig viel Zeit benötigt der aus dem Bigoudenland stammende Koch nicht. Drei Gänge im Menü „Henri", vier im Menü „Joseph", welches das kleine Menü einfach um einen Gang erweitert, fini. Lob quittiert Le Lay mit einem knappen „Oui", ganz Bretone.

Fakten & Informationen

....

Auberge des Glazicks in Plomodiern (7, Rue de la Plage, Tel. 02 98 81 52 32, http://aubergedesglazick.com), **Ti Coz** bei Quimper (4, Hent Koz, Quimper Nord, Tel. 02 98 94 50 02, www.restaurantticoz.com), **L'Insolide** in Douarnenez (4, Rue Jean Jaurès, Tel. 02 98 92 00 02, http://lafrance-dz.com), **Ar Men Du** in Neves (47, Rue des Iles Raguenez Plage, Tel. 02 98 06 84 22, www.restaurant-mendu.com), **L'Amphitryon** in Lorient (127, Rue Colonel Jean Muller, Tel. 02 97 83 34 04, www.amphitryon-abadie.com), **Henri et Joseph** in Lorient (4, Rue Léo le Bourgo, Tel. 02 97 84 72 12, http://henrietjoseph.fr)

Dessertkreation aus
dem Restaurant „Ti Coz"
in Quimper

Maßstab 1:350.000

0   6km

Maßstab 1:350.000

0   6km

In Südseefarben

Knallbunt ist die Flotte der Kutter im Bigoudenland, weiß wie eine Stadt am Mittelmeer die Seglerhochburg Lorient. An Sandbänken und Stränden leuchtet das Meer türkis. Kamelien tragen schwer an ihren Blüten. Palmen rascheln. Die laue Luft der Südbretagne macht es möglich.

❶ Douarnenez

Douarnenez (16 000 Einw.) galt vor gut 100 Jahren als der größte Sardinenfischereihafen Europas. Die gesamte Stadt östlich der Rivière de Port-Rhu war damals Hafenzone, während sich westl. des Flusses im Stadtteil Tréboul die Sommerfrischler vergnügten.

SEHENSWERT
Der **Port-Musée** (Museumshafen) ist ein schwimmendes Museum mit einer Sammlung von 250 historischen Booten. Sieben große Schiffe dümpeln im Hafenbecken, darunter der Algenkutter „L'Estran". Bei einigen darf man an Bord gehen. In einer ehem. Fischkonservenfabrik nebenan werden Schiffe und Seefahrtstechniken ausgestellt (Place de l'Enfer, www.port-musee.org; Juli und Aug. mit Besichtigungen an Bord tgl. 10.00–19.00, Mitte April–Juni, Sept. und Okt. mit Besichtigungen an Bord Di. bis So. 10.00–12.30 und 14.00–18.00, Anf. Febr. bis Mitte April Besichtigung nur vom Kai aus Di.–So. 10.00–12.30 und 14.00–18.00 Uhr).

VERANSTALTUNGEN
Zur **Grande Fête des Bateaux** TOPZIEL laufen alle zwei Jahre Segelschiffe und Fischerboote in Flottenstärke in den Hafen von Douarnenez ein und aus (nächster Termin Mitte Juli 2016). Zur Prozession der **Petite Troménie** in Locronan sind Mitte Juli Tausende auf den Beinen, um den mit Figuren geschmückten Parcours des hl. Ronan abzuschreiten. Alle sechs Jahre wird der Pardon zum Großereignis, der **Grande Troménie** (nächster Termin 2019).

HOTEL
Die Zimmer in der 1900er-Jahre Villa €€€/€€ **Ty Mad** wirken frisch wie eine Meeresbrise (3, Rue St-Jean, F-29100 Douarnenez, Tel. 02 98 74 00 53, www.hoteltymad.com).

UMGEBUNG
Locronan (östl.) stieg im 15. Jh. zur wohlhabenden Tuchhändlerstadt auf. Am Hauptplatz entstand ein Bürgerpalais neben dem anderen, die Kirche St-Ronan und die angrenzende Chapelle du Pénity, allesamt aus dunklem Granit.
An der Nordflanke des **Cap Sizun** ragen die 65 m hohen Klippen der **Pointe du Van** auf. Nach Westen rückt die **Pointe du Raz** in den bedrohlich nachtblauen Atlantik. Ein Wander-

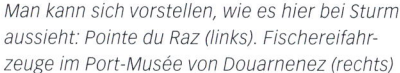
Man kann sich vorstellen, wie es hier bei Sturm aussieht: Pointe du Raz (links). Fischereifahrzeuge im Port-Musée von Douarnenez (rechts)

weg verbindet beide. Aus den Fluten ragen die Leuchttürme Phare de la Vieille (1887) und Phare de la Plate (1911). Bei klarer Sicht erblickt man auch den 20 km vor der Küste aus den Fluten ragenden Phare d'Ar Men (1881) und die **Ile de Sein**.

INFORMATION
Office de Tourisme, 1, Rue du Docteur-Mével, F29100 Douarnenez, Tel. +33 (0)2 98 92 13 35, www.douarnenez-tourisme.com

❷ Quimper

Die Bischofsstadt (67 000 Einw.), deren holprige Gassen und gebückte Fachwerkfassaden wie ein Freilichtmuseum wirken, ist Hauptstadt des Département Finistère. Schiffe können den breiten Odet hoch bis ins Stadtzentrum fahren. Stege und Brücken verbinden die Ufer.

SEHENSWERT
Die **Kathedrale St-Corentin** (13.–15. Jh.) wirkt wie zu Stein gewordene bretonische Spitze; ihre filigrane Silhouette überragt die Altstadt. Der gotische Innenraum besticht durch architektonische Eleganz (Juli, Aug. Mo. bis Sa. 9.45–18.30, So. 14.00–18.30, sonst Mo.

bis Sa. 9.45–12.00 und 13.30–18.30, So. 14.00 bis 18.30 Uhr). Der 1664 zwischen Stadtmauer und Kathedrale gesetzte Bischofspalast beherbergt mit dem **Musée Départemental Breton** das wichtigste volkskundliche und archäologische Museum der Südbretagne (www.museedepart ementalbreton.fr; Juni bis Sept. tgl. 9.00–18.00, sonst Di.–Sa. 9.00–12.00 und 14.00–17.00, So. 14.00–17.00 Uhr). Gemälde von Boudin, Gauguin und Corot und Werke bretonischer Maler bilden den Kern der Sammlung des **Musée des Beaux-Arts** gegenüber der Kathedrale (www.mbaq.fr; Juli und Aug. tgl. 10.00–19.00, April–Juni, Sept. und Okt. Mi.–Mo. 9.30–12.00 und 14.00–18.00, sonst Mi. bis Sa. und Mo. 9.30–12.00 und 14.00–17.30, So. 14.00–17.30 Uhr). In der **Rue Kéréon** stehen die prächtigsten Fachwerkhäuser der Stadt. Quimpers Keimzelle lag 1,5 km flussabwärts bei der romanischen Kirche **Notre-Dame-de-Locmaria** (Urspr. 11. Jh.). Gegenüber hat die Faiencerie Henriot (www.henriot-quimper.com) ihren Sitz. Erste Fayencen entstanden hier um 1690. Das **Musée de la Faience** hinter der Faiencerie Henriot spiegelt die Geschichte und führt in die Technik ein (14, Rue Jean-Baptiste-Bousquet, www.musee-faience-quimper.com; Mitte April–Sept. Mo.–Sa. 10.00–18.00 Uhr).

Auf der Ile de Groix (links oben). Notre-Dame de Tronoën nördlich Le Guilvinec (links unten). An Quimpers Place aux Beurre (rechts)

INFORMATION

Office de Tourisme, 11, Place Gambetta, F-29120 Pont-l'Abbé, Tel. +33 (0)2 98 82 37 99, www.paysdepontlabbe-tourisme.com

❹ Bénodet

In den Glanzzeiten kamen der Dichter Apollinaire, Winston Churchill und der Pascha von Marrakesch in den trubeligen Badeort (3200 Einw.). Daran erinnert das zu Ferienwohnungen umgebaute „Hôtel Le Minaret", ein Art-déco-Bau im Stil eines maurischen Palasts.

AKTIVITÄTEN

Bootsausflüge auf dem Odet: Von der Mündung bis nach Quimper gleiten Herrenhäuser und Parks vorbei (www.vedettes-odet.com).

HOTELS UND RESTAURANT

Stolz ragt die blütenweiße €€€€/€€€ **Villa Tri Men** aus ihrem Park; die Zimmer sind puristisch maritim eingerichtet (16, Rue du Phare, F-29120 Ste-Marine, Tel. 02 98 51 94 94, www.trimen.fr). Das €€ **Hôtel du Bac** erfreut mit heiteren Blau- und Weißtönen. Im €€/€ **Bistro du Bac** gibt es Fisch und Meeresfrüchte (19, Rue du Bac, F-29120 Ste-Marine, Tel. 02 98 51 33 33, www.hoteldubac.fr).

INFORMATION

Office de Tourisme, 29, Avenue de la Mer, F-29950 Bénodet, Tel. +33 (0)2 98 57 00 14, www.benodet.fr

❺ Concarneau

Trotz Fischereikrise investiert die Stadt (20 000 Einw.) in die Modernisierung des Hafens und in die Flotte, die über 200 Kutter und Trawler zählt.

SEHENSWERT

Eine Brücke führt zur **Ville close** (Altstadt). Wahrzeichen ist der Belfried am Zugang zur im 16. Jh. wie eine Festung ins Wasser gebauten Altstadt. Im **Musée de la Pêche** dreht sich alles um Fischfang (www.musee-peche.fr; Juli und Aug. tgl. 10.00–19.00, April–Juni und Sept. Di.–So. 10.00–18.00 Uhr, sonst kürzer).

VERANSTALTUNG

Das **Festival des Filets Bleus** Ende Aug. ist ein viertägiges Hafenfest mit bretonischer Musik und Kostümen (www.festivaldesfiletsbleus.fr).

UMGEBUNG

Knapp 20 km vor der Küste bringt der **Glénan-Archipel** TOPZIEL mit acht Hauptinseln und vielen unbenannten Inselchen Farbe in den tiefblauen Ozean. Türkis leuchtet das seichte Wasser am weißen Strand der Ile St-Nicolas, die Tagesausflügler als einzige betreten dürfen (Fähren ab Concarneau, Loctudy, Bénodet, Beg-Meil, Port-la-Forêt, www.vedettes-odet.com).

INFORMATION

Office de Tourisme, Quai d'Aiguillon, F-29900 Concarneau, Tel. +33 (0)2 98 97 01 44, www.tourismeconcarneau.fr

❻ Pont-Aven

Wo der Aven sich zum Mündungstal verbreitert und eine Brücke den Fluss überquert, liegt Pont-Aven (3000 Einw.). Die malerische Lage lockte Ende des 19. Jh. so prominente Künstler wie Gauguin und Sérusier an.

SEHENSWERT

An der ehem. **Pension von Marie-Jeanne Gloanec,** die auch brotlose Künstler beherbergte, erinnert eine Gedenktafel an die Malerkolonie (heute Maison de la Presse, Place Paul Gauguin). Im **Musée des Beaux-Arts** passiert das Leben der Künstler Revue (www.musee pontaven.fr; zzt. wegen Umbau geschl.).

HOTEL UND RESTAURANT

Beim €€€/€€ **Ar Men Du** stimmt alles: die Lage am Meer, die Zimmer mit Seeblick, die Küche von Patrick Le Guen (47, Rue des Iles, 29920 Raguenès-Plage, Tel. 02 98 06 84 22, www.men-du.com; Di. und Mi. mittags geschl.).

VERANSTALTUNGEN

Das **Festival de Cornouaille** ist mit 150 Veranstaltungen das größte Folklorespektakel der Südbretagne. Ein Fest-Noz und ein Trachtenumzug am Sonntag sind die Höhepunkte (www.festival-cornouaille.com; fünf Tage Ende Juli).

INFORMATION

Office de Tourisme, Place de la Résistance, F-29000 Quimper, Tel. +33 (0)2 98 53 04 05, www.quimper-tourisme.com

❸ Pont-l'Abbé

Die größte Stadt (8500 Einw.) des kargen Bigoudenlandes verdankt ihren Namen einer Brücke über die Rivière de Pont-l'Abbé. Wahrzeichen der Region ist die Coiffe bigoudène, einst ein schlichtes Wäschehäubchen. Um 1880 ging es in die Höhe – die Haubenträgerinnen konnten nur gesenkten Hauptes durch eine Tür gehen.

MUSEUM

Das **Musée Bigouden** im Château (13.–18. Jh.) zeigt von der Spitzenhaube bis zu Schiffsmodellen alles über das Leben im Bigoudenland (Juli und Aug. tgl. 10.00–18.00, Juni und Sept. tgl. 10.00–12.30 und 14.00–18.00, Mai Di.–So. 14.00–18.00, sonst Sa. und So. 14.00–18.00 Uhr).

UMGEBUNG

Sommervillen säumen den Strand von **Loctudy** (südöstl.). Zudem ist der Ort Fischereihafen. Die romanische Pfarrkirche (12. Jh.) zählt zu den schönsten bretonischen Sakralbauten. An der **Pointe de Penmarc'h** steht der Phare d'Eckmühl; man darf den 1897 vollendeten Leuchtturm besteigen (April–Okt. 10.30 bis 18.00, Juli und Aug. auch Di. 21.30–23.00 Uhr). An der Bucht von Audierne misst der fast unverbaute Dünenstrand über 20 km Länge. Dahinter liegt einsam Notre-Dame-de-Tronoën mit dem ältesten Calvaire der Bretagne (14. Jh.).

Tipp

Markthalle in Quimper

In den Markthallen trifft sich tout Quimper täglich, vor allem am Samstag. Die Schlange bei „Le Gall", wo es Beurre de Barratte, Crème fraîche, Milch in Bioqualität gibt, nimmt kein Ende. Küsschen links, Küsschen rechts, man kennt sich. Fisch kauft man bei „Marc", das Geflügel bei „Julien Dorval", Pâtisserien bei „Le Meur". Reicher sind die Marktstände in der gesamten Südbretagne nicht gedeckt. Für den kleinen Hunger gibt es eine Crêpe auf die Hand, das Dutzend Austern oder das Déjeuner in der schicken „Bar Iodé" (Di.–So. 10.00 bis 14.00 Uhr) auf der Westseite.

Tipp

Manoir du Kinkiz

Ob Cidre de Cornouaille (rund im Geschmack, Noten von frischem Apfel, Butter, Haselnuss), Pommeau de Bretagne (zu Austern, Foie Gras, Melone), Apfelbrände mit bis zu 24 Jahren Reifung im Fass (Lambig de Bretagne, Fine de Bretagne) oder Cidre-Essig: Was Hervé Seznec vor den Toren von Quimper produziert, setzt Maßstäbe. Unbedingt den Fasskeller zeigen lassen!

INFORMATION
Cidrerie Manoir du Kinkiz, 75, Chemin de Qinquis, Ergué-Armel, Quimper, Tel. 02 98 90 20 57, www.cidre-kinkiz.fr

INFORMATION
Office de Tourisme, 5, Place de l'Hôtel de Ville, F-29930 Pont-Aven, Tel. +33 (0)2 98 06 04 70, www.pontaven.com

❼ Lorient

Wo Blavet und Scorff zusammenfließen, ordnete Ludwig XIV. den Bau einer Stadt an, die zu Frankreichs Tor nach Übersee aufstieg. Die strategisch wichtige Reede wurde Lorient (60 000 Einw.) im Zweiten Weltkrieg zum Verhängnis. Die Stadt wurde 1944 von alliierten Bombern fast völlig zerstört. Der Wiederaufbau Lorients als weite, weiße Stadt war nicht unumstritten. Heute gefällt es den Bewohnern.

SEHENSWERT
Erst mit der Umwidmung der 1941 von den Deutschen an die Pointe de Keroman geklotzten U-Boot-Basis hat Lorient auf die touristische Bretagnekarte gesetzt. Das Monstrum aus 900 000 t Beton und 3 Blöcken (K1–K3) kann besichtigt werden, dient als **U-Boot-Museum** (www.musee-sous-marin.com), Ausgehmeile, Veranstaltungsort und **Cité de la Voile** (Segelmuseum) zu Ehren der 1998 vor Irland verschollenen französischen Seglerlegende Eric Tabarly (www.citevoile-tabarly).

VERANSTALTUNG
Zum **Festival Interceltique** spielen Anf. Aug. 4500 Künstler aus Irland, Wales, Cornwall und der Bretagne für 500 000 Zuschauer auf (www.festival-interceltique.com).

UMGEBUNG
Die **Ile de Groix** bietet mit Klippen, Stränden, Hafenterrassen Inselglück (Fähre ab Lorient, Überfahrt 45 Min.; www.compagnie-oceane.fr).

INFORMATION
Lorient Bretagne Sud Tourisme, Maison de la Mer, Quai de Rohan, F-56100 Lorient, Tel. +33 (0)2 97 84 78 00, www.lorientbretagne sudtourisme.fr

---

Genießen   Erleben   Erfahren

DuMont Aktiv

Eine Inselrunde

Die Tageswanderung um die Ile de Groix bedeutet ein strammes, aber auch sehr abwechslungsreiches Programm. Denn die acht mal drei Kilometer große Insel offenbart ein Kaleidoskop bretonischer Landschaften: Klippen, Strände, Hafenbecken aus Granit und als Bonus den einzigen konvexen Strand der Region.

Der etwa 27 km lange Küstenrundweg beginnt in Port-Tudy, dem größten Hafen der Insel. Es geht auf für Mountainbiker und Radfahrer verbotener Route zunächst nach Osten. Immer mit Blick auf das Festland erreicht man mit der Pointe de la Croix die Ostspitze von Groix. Der einzige konvexe Strand der Bretagne wölbt sich ins Meer, verliert allerdings durch den unzähmbaren Atlantik Jahr für Jahr an Sand. Les Sables Rouges heißt der nächste Strand: In den Fels eingelagerter roter Granat verursacht die ungewöhnliche leichte Rotfärbung des Sands. Für geologisch Interessierte ist der Küstenweg ein Mekka. Seit 1983 schützt die Réserve Naturelle Minéralogique im Südosten der Insel die mineralogische Vielfalt mit Raritäten wie den metallisch blau schimmernden Glaukophan. Abgesehen von einem Feriendorf und einem Strandcafé sind beide Strände unverbaut. Vor Locmaria, dem zweitgrößten Ort nach dem Hauptort Le Bourg-St-Tudy, breitet sich ein halbkreisförmiger Strand aus. Ansonsten sind Badegelegenheiten an der gesamten Südküste selten. Der Weg quert regelmäßig kleine Bachtäler, in denen Baum und Strauch am oft kahlen Weg Schatten spenden. Es geht weiter über Klippen mit schwindelerregenden Blicken in die Tiefe. Felsklüfte wie der Trou de l'Enfer, in den der Atlantik krachend einfällt, bieten großes Gezeitenspektakel.

Erst an der geschützteren Nordküste verschwindet der Weg in mannshohem Brombeergestrüpp und Farn. Winzige Badebuchten locken, zu denen man über halsbrecherische Abstiege hinunterkraxeln kann. Geradezu lieblich macht sich dann Port-Lay aus. Am winzigen Hafen steht das Gebäude der ersten Fischereischule Frankreichs, die 1895 gegründet wurde.

Weitere Informationen

Markierung: Der Rundweg gehört zum die Bretagne durchquerenden Grande Randonnée 34, gekennzeichnet mit einem rot-weißen Doppelbalken
Karte: ign 1:25 000 „Lorient, Ile de Groix"
Information: Office de Tourisme, am Hafen über dem Büro der Reederei Compagnie Océane, Tel. 02 97 84 78 02, www.groix.fr

Der kleine Hafen von Port Lay an der Nordküste der Insel Groix

Große Steine und ein kleines Meer

Es gilt, ein paar Rekorde aufzulisten. An der Côte des Mégalithes reihen sich die meisten Menhire der Bretagne. Im Golf von Morbihan wimmeln angeblich 365 Inseln und Inselchen. Die Grande Brière ist Frankreichs zweitgrößtes Sumpfgebiet! Und Belle-Ile? Natürlich die schönste Insel der Bretagne – wie schon der Name sagt.

Le Palais ist der Hauptort der Belle-Ile

Typischer geht es kaum: Sauzon,
Belle-Iles zweiter Hafen, mit
seinem charakteristischen kleinen
Leuchtturm bei Ebbe

An der Promenade von Quiberon –
ein geschütztes Plätzchen in der Sonne, so kann man es gut aushalten

Auch die Pointe des Poulains schmückt ein Leuchtturm.
Seit 1867 sichert er die Nordwestspitze der Belle-Ile

Am Strand und an der Promenade zeigt Quiberon
sein touristisches Gesicht

Nur ein dünner Sanddamm vernabelt die Halbinsel von Quiberon mit dem Kontinent. Auf der Ostseite bereiten sich französische Segelprofis in der Ecole Nationale de Voile von Beg-Rohu auf weiteres olympisches Gold vor. Auf der Westseite läuft Ausflügern ein wohliger Schauer über den Rücken, wenn sie von den 40 Meter hohen Klippen der Côte Sauvage in den brodelnden Atlantik schauen. Brecher donnern in die Felsenge des Trou du Souffleur – ein ohrenbetäubendes Spektakel, bei dem von den mannshohen Wellen, die das Felsloch bestürmen, nur Gischt und der Geschmack von Salz auf den Lippen übrigbleiben.

Nachts grollt der Atlantik unter dem Hotelfenster wie ein dicker Hund, den Alpträume plagen. Im Morgengrauen, wenn die erste Fähre nach Belle-Ile ganz Quiberon aus dem Bett tutet, meldet er sich dumpf grummelnd zurück. Ein neuer dramatischer Tag beginnt. Dafür sorgt schon das Wetter, das noch wechselhafter als Ebbe und Flut ist.

Insel der Prominenten

Auch Belle-Ile hat eine „wilde Küste". Sarah Bernhardt, um 1900 tonangebende Tragödin auf den Pariser Bühnen, ließ sich vor der spektakulären Felskulisse der Pointe des Poulains ihren Sommersitz errichten. Die Bernhardt liebte das „wagnerische Szenario" der Côte Sauvage, das so ganz ihrem Temperament entsprach. Letzteres bekam ein Hutmacher an der Seine zu spüren, der ihr einen sage und schreibe 85 Zentimeter weiten Hut für die atlantische Sommerfrische verpasst hatte – denkbar ungeeignet in der bretonischen Brise. Es hagelte böse Worte, die im Inselmuseum auf der Zitadelle von Le Palais nachzulesen sind.

Im Gefolge Sarah Bernhardts kamen die Schriftsteller Gustave Flaubert, Marcel Proust, Alexandre Dumas, die Skandalautorin Colette, die Maler Monet, Matisse, Vasarely, der Psychoanalytiker Sigmund Freud. Die Filmdiva Arletty besaß ein Haus bei Port de Donnant, und drehte einen Film, „L'Ile des Enfants perdus". Romy Schneider kam regelmäßig mit dem Schiff von Quiberon herüber.

Im Sommer werden die Kais im Inselhauptort Le Palais zum Laufsteg. Die zur Schau getragenen Chanel-Miniröcke und High Heels von Louboutin können nicht nur einen Seemann erschüttern. Für ein paar heiße, lange Monate mutiert Le Palais zum Nabel einer jungen, hippen Schar, die happige 30-prozentige Aufschläge auf das auf dem Festland übliche Preisniveau mit einem Achselzucken in Kauf nimmt.

Kleines Meer

„Ich züchte Austern wie ein Almbauer sein Vieh hält: in absoluter Freiheit, ohne Stall und Käfig", betont Yvonnick Jégat. Der Austernzüchter mit Sitz in beneidenswerter Lage an der in den Golfe de Morbihan vorpreschenden Pointe d'Arradon bewirtschaftet 50 Hektar Wasserfläche. Die meisten Konzessionen liegen im Bereich starker Gezeitenströmungen, was die Schalentiere besonders fleischig macht. An der 900 Meter breiten Öffnung des Golfs zum Atlantik ist die mörderische Kraft von Ebbe und Flut besonders spürbar. Mit bis zu zehn Knoten Geschwindigkeit pressen die Wassermassen vom offenen Atlantik ins Morbihan, zu Deutsch „kleines Meer". Der Sog spült den Golf so stark durch, dass er weder verlandet, noch sein Salzgehalt steigt. Zum Wirrwarr von angeblich 365 Inseln und Inselchen – für jeden Tag eine, behaupten die Einheimischen – kommen Felse, Priele, Schlick, Sandbänke.

Bewohnt sind nur einige wenige Inseln. Andere dienten in frühgeschichtlicher Zeit als Kultstätte. Wenn bei Ebbe ein Cromlec'h aus den kreisförmig angeordneten Menhiren im Wasser auftaucht, ist das Staunen der Tagestouristen, die das „kleine Meer" beim Inselhopping entdecken, groß.

Zu den Stein-
setzungen von
Carnac gehören auch
die Alignements de
Kermario

Bretonisches Lourdes

Ste-Anne-d'Auray ist Ziel des größten
bretonischen Pardons: Die Prozession zu
Ehren der Heiligen Anna zieht auch in
heutiger Zeit jeden Juli an die 20 000
Teilnehmer an. Die heilige Anna ist nicht
allein Schutzpatronin der Bretagne, sondern – glaubt man der Legende – sogar
gebürtige Bretonin, die es nach Palästina
verschlagen hat. Hunderttausende Pilger
kommen jedes Jahr in den Ort, an dem
die Heilige 1623 einem gewissen Yvon
Nicolazic erschienen sein soll. Der Bauer
tat, wie ihm befohlen, und errichtete eine
Kapelle. Es war die Geburtsstunde von
Ste-Anne-d'Auray und der Beginn eines
nicht endenden Zustroms von Gläubigen.
Im September 1996 kam sogar der Papst.
An den Besuch von Johannes Paul II. erinnert die Dallage de la foi, ein gepflas-
tertes Areal im Schatten der zwischen
Neorenaissance und Neugotik protzenden
Wallfahrtsbasilika. Dank Tassen, Bildchen,
Kerzen kann sich jeder ein Stück Annen-
verehrung mit nach Hause nehmen.

Grüne Pest

„Plancoet", das bekannteste bretonische
Mineralwasser, wirbt auf der Flasche
damit, frei von Nitraten zu sein. Denn
das Wasser aus bretonischen Flüssen
und dem Meere gerät regelmäßig in die
Schlagzeilen: Wieder einmal ist der

Côte des Mégalithes

Schutzzäune für Riesen

Von den ungefähr 6000 Menhiren
und tausend Dolmen (Steintische)
der Bretagne stehen die meisten an
der Côte des Mégalithes. In Carnac
erreichte der frühgeschichtliche Kult
seinen Höhepunkt. Exakt 2935 Menhire machen den Badeort zur bretonischen Hauptstadt des Hinkelsteins.
Hinter dem neolithischen Titanen-
werk steht wahrscheinlich ein System
zur Berechnung von Sonnenauf- und
untergängen zu bestimmten Daten
im Jahreszyklus. Gustave Flaubert
löste das Erklärungsdilemma auf

seine Weise: „Wenn man mich nach
so vielen Ansichten fragt, welche
meine sei, so werde ich eine unwider-
legliche, unabweisbare, unwidersteh-
liche aussprechen ... und diese An-
sicht ist: Die Steine von Carnac sind
große Steine ..." Unstrittig ist, dass
die Hinkelsteine unter dem Ansturm
der Besucher leiden. Farn, Heidekraut
und Ginster, die den bis zu drei Meter
großen Menhiren Stabilität gaben,
wurden im Laufe der Jahrzehnte nie-
dergetrampelt, das natürliche Funda-
ment der steinernen Riesen, die nur
mit einem Zehntel ihrer Masse im
Boden stecken, wurde zerstört. Stein
um Stein fiel. Mit Hammer und
Meißel bewaffnete Besucher, die ein
Stück Megalithkultur für daheim
abklopfen wollten, und waghalsige
Kletterer erforderten drastische Maß-
nahmen. Anfang der 1990er-Jahre
wurden Schutzzäune errichtet. Nur
Schafe, die das Gestrüpp in Schach
halten, dürfen noch frei herumlaufen.

In Quiberon-Dorf ist in der Rue de Port-Maria die „Maison Riguidel" zu finden – mit herrlichen bretonischen Kuchen und Plätzchen. Doch der überragende Ruf der Pâtisserie ruht auf dem Pfannkuchen-ähnlichen Kouign amann. Dessen Geheimnis: ganz viel Butter, ganz viel Zucker (links). Gartenanlagen des Parc des Remparts und Stadtmauern von Vannes (rechts)

Der kleine Fischerort Le Bono liegt südöstlich von Auray: Seit 1840 gelangt man über eine mit Holzplanken belegte Hängebrücke in den Ort. Entworfen wurde sie von Gustave Eiffel

An der Place Henri IV in Vannes reihen sich im Schatten der Kathedrale Fachwerkbauten des 15. und 16. Jahrhunderts

La Grande Brière, ein amphibisches Labyrinth, lockt viele Besucher an

Bootstour auf der Breca im Zentrum des Brière-Naturparks

Von Juli bis September ist das zwischen Guérande und St-Lymphard gelegene Museumsdorf Kerhinet jeden Tag geöffnet (oben). Das Reet für die Dächer wird in der Brière noch traditionell mit dem Boot befördert (Mitte und unten)

Nitratgehalt rekordverdächtig hoch. Wieder einmal lassen ins Meer gespülte Nitrate grüne Algen wuchern. Vom Département Côtes-d'Armor über das Finistère bis zum Morbihan gibt es Buchten, in denen Grünalgen am Strand verfaulen, giftige Schwefelwasserstoffe freisetzen. Nicht nur Wildschweine, auch Hunde sind schon an den Gasen verendet. Also heißt es Vorsicht und einsammeln.

Unstrittig ist, dass die intensive Landwirtschaft die Grünalgen in manchen Sommern explosionsartig wachsen lässt. In der Bretagne werden die Hälfte aller Schweine, die Hälfte des Geflügels, ein Drittel aller Rinder des Landes gehalten. Hinzukommt eine hohe Gemüseproduktion. Entsprechend hoch sind Gülle-Output und Düngerverbrauch. Initiativen wie „Bretagne Viande Bio" bringen als Gegenmaßnahme Züchter und Metzger zusammen, um biologisch einwandfrei aufgezogene Tiere zu vermarkten.

49 000 schützende Hektar umfasst der Parc Naturel de Brière.

Sümpfe bis zur Loire

Ein Schutz der Grande Brière ist dagegen unstrittig. Ein Naturpark schützt Frankreichs nach der Camargue zweitgrößtes Sumpfgebiet. Kanäle, Teiche, Schilfflächen, Feuchtwiesen, Moore und Auwälder bilden eine amphibische Landschaft. Reetgedeckte Katen gruppieren sich zu Dörfern, die ein Ringkanal zu Inseln macht. Nachen transportieren Besucher durch die unwirkliche Weite. Wenn Nebel die Übergänge von Wasser und Land verschleiert, legt sich eine melancholische Stimmung über die Grande Brière. Still aber ist es im Sumpf fast nie. Im Sommer quaken Heerscharen von Fröschen in den abendlichen Himmel. Im Frühjahr und Herbst schwärmen Zugvögel ein. Das ganze Jahr über schnattern Enten und Gänse lautstark aus den torfbraunen Tümpeln.

Die schönsten Küstenwanderungen

Unterwegs zwischen Fels und Watt

Der Weg ist – wie wir alle wissen – das Ziel. In der von drei Seiten vom Atlantik umspülten Bretagne führt er fast unweigerlich ans Meer. Über Strand und Klippen macht der Küstenwanderweg GR 34 die Orientierung leicht. Man folge einfach dem rot-weißen Doppelbalken. Und, das gilt hier generell, nicht die Badesachen vergessen!

❸ Vom Fort La Latte zum Cap Fréhel – Spuren der Hollywood-Wikinger

Der Wagen bleibt auf dem Parkplatz bei La Motte zurück. Hinter der Schranke beginnt die 7 km lange Wanderung durch dichten Eichenwald. Am Menhir "Gargantuas Finger" taucht man wieder aus dem Wald auf. In der Ferne leuchten die roten Granitmauern des Fort La Latte: Kirk Douglas und Tony Curtis mimten hier harte Burschen für den Hollywood-Schinken "Die Wikinger". Weiter geht es über die Anse des Sévignés bis zum 70 m aufragenden Cap Fréhel.

Rückkehr: zu Fuß!
Information: www.paysde frehel.com/de/wanderwege

❶ Vom Mont St-Michel nach Cherrueix – Polder und ein Weltwunder

Am beeindruckendsten ist die etwa 15 km umfassende Wanderung bei Niedrigwasser. Das Meer zieht sich dann gefühlt bis hinter den Horizont zurück. Nur der Mont St-Michel sticht mit seiner sich auftürmenden Silhouette aus der unwirklichen Weite heraus. Die nächste Straße ist endlos entfernt. In Cherrueix dann gehört der jetzt für diesen Sport passend flache und feste Küstensaum den Strandseglern. Landeinwärts erinnern Mühlen und Deiche daran, dass die Polderlandschaft erst im 16. und 17. Jahrhundert der See entrissen und entwässert wurde.

Rückkehr: Buslinie 17 bis Pontorson (nur Sommer), dort in die Navette zum Mont St-Michel umsteigen
Information: www.keolis-emeraude.com

❷ Von Cancale zur Pointe du Grouin und der Plage du Verger – Austern zur Stärkung

Unten am Hafen von Cancale reiht sich Bistro an Bistro: Wer möchte, stärkt sich mit ein paar Austern – der lokalen Spezialität schlechthin. Der 12 km lange Weg nach Norden hangelt sich unterhalb der Oberstadt-Villen längs der Klippen entlang. Der von Gischt umschäumte Rocher de Cancale taucht aus dem smaragdgrünen Wasser auf. An der Pointe de Grouin fällt der Blick vom Felskap auf die Ile des Landes, die Vogelschutzgebiet ist. Nächster Stopp und Ziel zugleich: die goldgelbe Sandbucht der Plage du Verger.

Rückkehr: Buslinie 8 St-Méloir-des Ondes– St-Malo, Haltestelle Le Verger (nur Sommer)
Information: www.ksma.fr

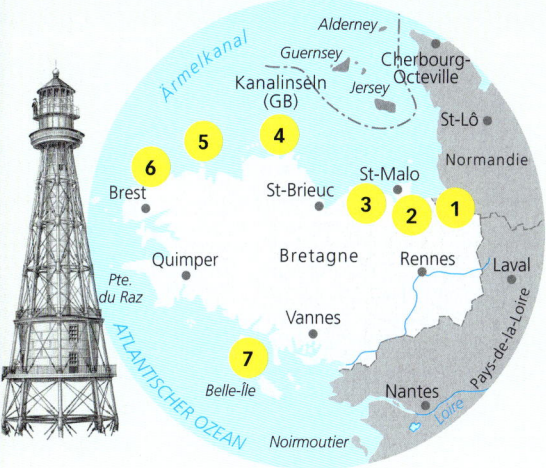

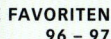

4 Sentier des Douaniers – Durch die rosa Brille

Der 5 km lange Küstenabschnitt von St-Guirec an die Plage de Trestraou gilt als schönste Etappe des Zöllnerpfads (Sentier des Douaniers) an der rosa Granit-Küste. Bizarre Felsformationen säumen den Weg. In der Abenddämmerung taucht die Sonne die rosa Felsen in warme Orangetöne, und vom Vogelschutzgebiet der Sept Iles krächzt es aus Zigtausenden Schnäbeln hinüber.

Rückkehr: zu Fuß!
Information: www.tourisme.perros-guirec.com/decouvrez/les-randonnees.html

5 Rund-wanderung Ile de Batz – Die Bretagne en miniature

Pulverweiße Strände, Dünen, schroffe Klippen, ein Hafen, ein Leuchtturm, Ginstergestrüpp und das Rauschen der Seekiefern: Die 12 km lange Umrundung der Ile de Batz kann mit allem punkten, was für die Bretagne spricht. Störende Autos gibt es auf dem Inselrundweg nicht. Macht einen perfekten Wandertag.

Information: www.iledebatz.com

6 Rundwanderung Anse Kernic – Durch Dünen und Wälder

Ausgangspunkt der 10 km langen Wanderung ist der Parkplatz bei Kernic am westlichen Ende der Anse Kernic. Die Bucht wirkt wie ein kleines Binnenmeer und ist nur durch eine kleine Öffnung bei Pors Meur mit dem Atlantik verbunden. Die Lage hat es freilich in sich. Schilder warnen davor, bei Springtide den Wagen auf dem Parkplatz abzustellen – Überflutungsgefahr! Es geht zunächst auf den Dünenkamm. Dahinter erstreckt sich der Strand von Ker Emma, über dessen Weite man ca. 4 km westwärts wandert. Links die gewaltigen, weißen Dünen, dahinter dichter Wald, rechts der Atlantik, aus dem bei Ebbe ein Felsplateau auftaucht: So wild und unbebaut ist die Nordküste der Bretagne selten. Auf halber Höhe lohnt ein kurzer Abstecher hinter den Dünenkamm zur Kapelle St-Guévroc, in deren geduckten Mauern eine Quelle plätschert. Zurück an den Strand. Als der Wald hinter dem Dünenkamm bis fast ans Meer reicht, biegt der Weg scharf links ab. Es geht nun durch den Wald parallel zum Strand zum Ausgangspunkt zurück. Im Grün versteckt sich eine Reihe imposanter Villen.

Information: www.maisondesdunes.org

7 Quiberons Côte Sauvage – Baden verboten!

Baignade interdite – Baden verboten – warnen die Schilder vom Fort de Penthièvre im Norden bis zum Château Turpault im Süden. Angesichts der tosenden Flut käme man wohl ohnehin nicht auf die Idee, ins Wasser zu gehen, sondern steigt lieber in die Wanderschuhe. Auf knapp 15 km geht es über die baum- und strauchlose Côte Sauvage im Westen der Halbinsel von Quiberon. Stärker durchgepustet wird man irgends!

Rückkehr: Bus 1 Gare Maritime de Port-Maria– Penthièvre
Information: www.quiberon.com/activites/balades-guidages-et-randonnees

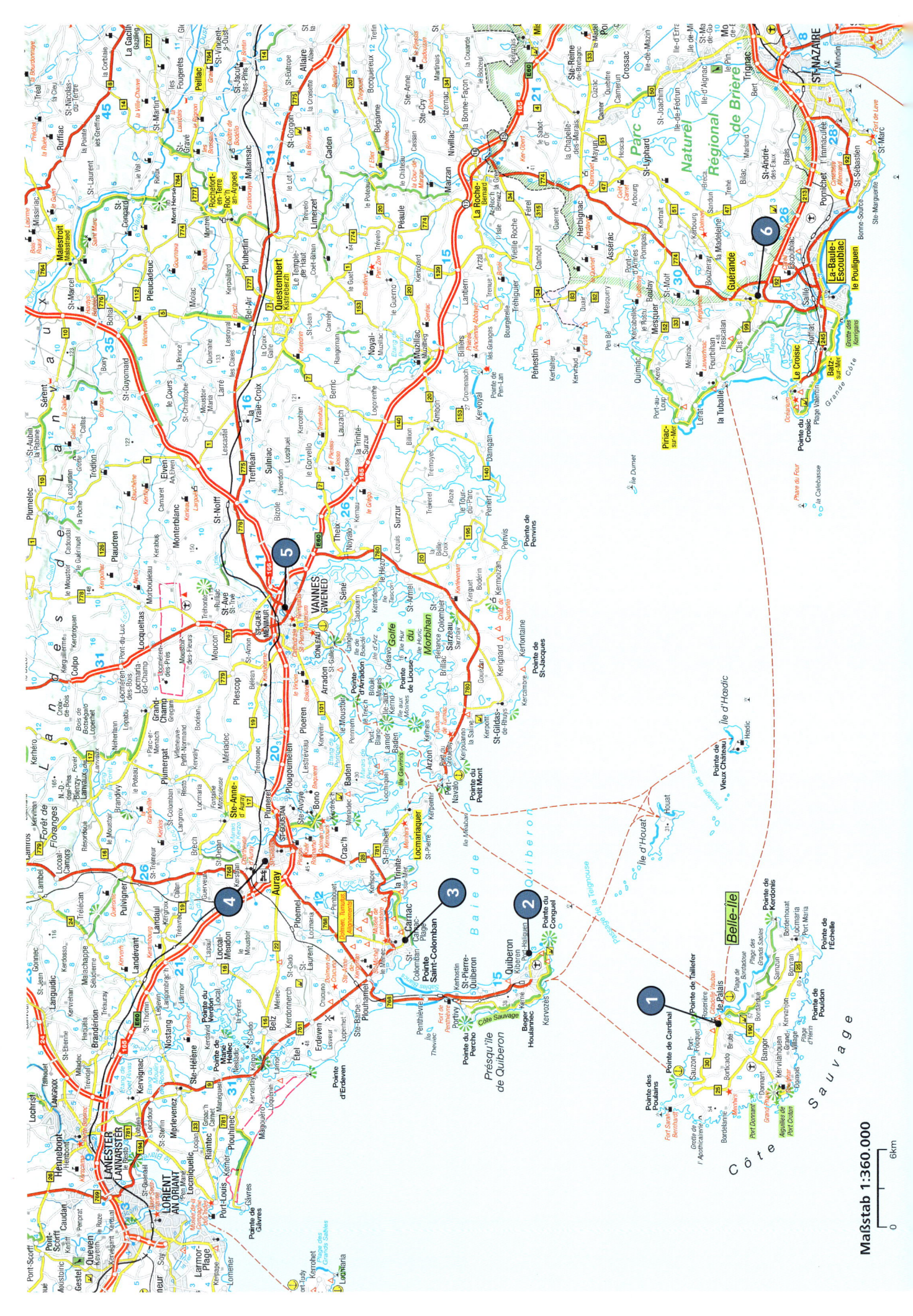

Maßstab 1:360.000

0   6km

Salz auf der Haut, Steine im Blick

An der Megalithküste stehen Tausende von Menhiren in Reih und Glied. Hinzukommen Dolmen, flache Steintische, und Cromlech, im Kreis angeordnete Menhire, die das Stück Küste zwischen der Halbinsel von Quiberon und dem Golf von Morbihan zum frühge- schichtlichen Themenpark machen. Nördlich der Loiremündung ist in den Salzsümpfen von Guérande seit Menschengedenken Salz das Thema.

❶ Belle-Ile

Belle-Ile ist die größte Insel der Bretagne (5200 Einw.). Das Schieferplateau misst 17 km Länge, zwischen 5 und 9 km Breite und ragt an die 60 m hoch aus den Fluten. Fährverbindung ab Quiberon (www.navix.com, www.compagnie-oceane.fr).

SEHENSWERT

Der Hauptort **Le Palais** wirkt wie ein pastell- farbenes Legolandstädtchen und drückt sich um das Hafenbecken. Kein Misston im Gesamt- bild, selbst das graue Bollwerk der zum Luxushotel umgebauten Zitadelle Vaubans (17. Jh.) fügt sich harmonisch ein. Weiß schimmert der Leuchtturm an der Hafen- mole von **Sauzon,** flankiert von Häuschen in Pistazie, Rosa und Flieder. Hummerkörbe wirken wie malerische Staffage. Wie Austernschalen glitzern die Schieferfelsen der **Côte Sauvage.** Zu den Attraktionen zählt die Grotte de l'Apothicairerie, in deren Nischen eine Kormorankolonie in 40 m Höhe nistet.

MUSEEN

Das **Inselmuseum** in der Zitadelle über Le Palais widmet sich der auch kriegerischen Geschichte von Belle-Ile und ihren berühmten Besuchern (Juli und Aug. tgl. 9.00–19.00, April bis Juni, Sept. und Okt. tgl. 9.30–18.00, sonst tgl. 9.30–17.00 Uhr).

INFORMATION

Office de Tourisme, Quai Bonnelle, F-56360 Le Palais, Tel. +33 (0)2 97 31 81 93, www.belle-ile.com

❷ Quiberon

An der Spitze der Halbinsel von Quiberon (5500 Einw.) aalen sich Frankreichs Spitzenpolitiker, Konzernmanager und Filmstars im mollig warmen Meerwasser: Das Zentrum für Thalasso- therapie ist Treffpunkt der happy few. Die Sonne scheint im Jahresmittel über 2000 Stunden – man kann mit der Côte d'Azur konkurrieren.

SEHENSWERT

Die **Côte Sauvage** TOPZIEL auf der Westseite macht ihrem Namen (wilde Küste) alle Ehre. Der Küstenwanderweg ist nur etwas für Schwindelfreie. Baden ist verboten! Plötzlich einsetzende Wellen entwickeln eine mörderi- sche Sogkraft.

AKTIVITÄTEN

Die Dünenstrände bei Penthièvre sind ein Mekka für **Strandsegler** und **(Kite-)Surfer.** Entsprechend gutes Angebot an Schulen und Verleihern (www.ecole-surf.com, www.ecole- kitesurf.com, www.char-a-voile-bretagne.com).

UMGEBUNG

5 km lang, 1 km breit, 250 Seelen: **Houat** ist klein und fein. Hauptattraktion sind die Sand- strände im Südwesten und Osten. Das Eclosa- rium erforscht, wie Fisch und Schalentiere am besten gedeihen (Juli und Aug. tgl. 10.00–18.00, Mai, Juni und Sept. tgl. 10.00–12.00 und 14.00 bis 17.00 Uhr). **Hœdic** (www.hoedic.net) ist deutlich kleiner als Houat. Das Dorf liegt in der flachen, waldlosen Inselmitte. Auf dem Kirch- turm zeigt ein Seebarsch die Windrichtung an. Rund um Insel findet man kleine Strände. Fährverbindung zu beiden Inseln ab Quiberon (www.navix.com, www.compagnie-oceane.fr).

HOTEL UND RESTAURANT

Das €€€ Restaurant des €€ **Petit Hôtel du Grand Large** ist so originell eingerichtet, wie es die kreative Karte erwarten lässt. Die Zimmer haben eine maritime Note (11, Quai St-Ivy, F-56510 Portivy, Tel. 02 97 30 91 61, www.lepetithoteldugrandlarge; Fr., So. abends und Di., außer Juli und Aug. auch Mi. geschl.).

INFORMATION

Office de Tourisme, 14, Rue de Verdun, F-56170 Quiberon, Tel. +33 (0)2 97 50 07 84, www.quiberon.com

In Le Palais kommen die Belle-Ile-Fähren aus Quiberon an (links). Der Hafen ist auch bei Seglern beliebt (rechts)

Tipp

Salzbutter-karamell

Henri Le Roux, Chocolatier mit Schweizer Ausbildung und Caraméliseur, über dessen Erbe längst ein japanischer Investor wacht, gilt als Erfinder des Caramel au Beurre salé. Das auf der Zunge schmelzende Karamellbonbon wird mit Guérande-Salzbutter verfeinert.

INFORMATION
Chocolatier & Caramélier Henri Le Roux, 18, Rue de Port-Maria, Quiberon, www.chocolatleroux.com; Di.–Sa. 10.00–12.15 und 14.00–19.00 Uhr

❸ Carnac

Carnac (4500 Einw.) wäre nur ein netter Badeort wie viele andere, würden nicht an die 3000 Menhire das hübsche Städtchen zum Mekka aller Hinkelsteinliebhaber küren.

SEHENSWERT
Auf dem 6000 Jahre alten Hügelgrab **St-Michel** steht ein Kapellchen. Vom verwitterten Steinkreuz schaut man über Heidekraut und Hohlwege hinweg bis zu den Steinreihen im Norden sowie die Kiefernwälder von Carnac-Plage. Die Alignements von **Kermario TOPZIEL** umfassen 10 Menhiralleen mit insgesamt 1029 Exemplaren. Vorbei am 6,50 m hohen „Gigant von Manio" geht es zu einem Cromlech mit 39 im Halbkreis angeordneten Steinen. Es folgen die auf 13 Reihen verteilten 555 Menhire von **Kerlescan TOPZIEL**. **Le Ménec TOPZIEL** im Westen von Carnac hält den Rekord unter den Alignements: 1099 Steine.

MUSEUM
Das **Musée de la Préhistoire** hütet die weltweit größte prähistorische Sammlung mit Objekten von 136 archäologischen Ausgrabungsorten (Place de la Chapelle, www.museede carnac.com; Juli und Aug. tgl. 10.00–18.30, Mitte Febr.–Juni, Sept. und Okt. Mi.–Mo. 10.00 bis 12.30 und 14.00–18.00, Nov. und Dez. Mi. bis Mo. 14.00–17.30 Uhr).

HOTEL UND RESTAURANT
€€ **Lann Roz** zeigt farbkräftiges, klares Design. €€€/€€ **Côté Cuisine** heißt das zugehörige Restaurant: regionale Küche und attraktives Preis-Leistungsniveau (36, Avenue de la Poste, F-56340 Carnac, Hotel Tel. 02 97 52 68 00, www. lannroz.fr; Restaurant Tel. 02 97 57 50 35, www. cotecuisine-carnac.fr; Mo. und Di. geschl.).

INFORMATION
Office de Tourisme, 74, Avenue des Druides, F-56340 Carnac-Plage, Tel. +33 (0)2 97 52 13 52, www.ot-carnac.fr

❹ Auray

Ein Fluss, ein malerischer Hafen, herausgeputztes Fachwerk, erbauliche Kirchen, ein lebendiger Markt. An dem Jahrhunderte alten Hafenort (13 000 Einw.) geht kein Weg vorbei.

SEHENSWERT
Postkartenmotiv ist das **St-Goustan-Viertel** mit Hafen und der um die Kirche (15./16. Jh.) gestauchten Unterstadt: Schöner als um die Kaimauern der **Place St-Sauveur** können sich alte Balken, Granit und Schiefer nicht gruppieren. Paradeplatz der Oberstadt ist die **Place de la République,** in deren Mitte das von einem Belfried gekrönte **Rathaus** (1782) nebst Markthallen und Gericht steht. Geschäftig geht es in der Rue Barré zu, deren Herbergen schon im 17. Jh. für Trubel sorgten, darunter das „Cochon fidèle" in der Nummer 1. Durch die Rue du Lait geht es zur Place G. Dehayes: Aurays größte Kirche, **St-Gildas** (17. Jh.), beherrscht den Platz.

VERANSTALTUNG
Le Grand Pardon Ste-Anne ist die größte Prozession der Bretagne (25. und 26. Juli).

UMGEBUNG
Ste-Anne-d'Auray gilt als das „bretonische Lourdes". Im Musée de Cire de L'Historial unterrichtet ein Wachsfigurenkabinett über Irrungen und Wirrungen der hl. Anna (www.musee-de-cire.com; tgl. 8.00–19.00 Uhr).

INFORMATION
Office de Tourisme, 20, Rue du Lait, F-56400 Auray, Tel. +33 (0)2 97 24 09 75, www.auray-tourisme.com

❺ Vannes

Als Sitz von Präfektur und Conseil Général hat es Vannes (55000 Einw.) gut getroffen. Die Stadt, in der 1532 der Anschluss der Bretagne an Frankreich festgeschrieben wurde, gibt sich konservativ, lebt gut von seinen Beamten und Angestellten sowie dem Tourismus. Die Alt-

stadt innerhalb der Mauern zählt zu den anheimelndsten urbanen Ensembles der Bretagne.

SEHENSWERT
Umtriebigster Platz mit Caféterrassen und Blick auf den Hafen ist die **Place Gambetta,** von der es durch die Porte St-Michel, Teil der mittelalterlichen Stadtbefestigung, in die Altstadt geht. Der Mittwochs- und Samstagsmarkt nimmt fast die gesamte **Place des Lices** ein, im Mittelalter Austragungsort von Ritterturnieren. Stolze Stadtpalais reihen sich mit spätmittelalterlichem Fachwerk um das halbovale Areal. Die schmalbrüstige **Rue des Halles** ist wegen der vielen Restaurants immer belebt. Weitere bildschöne Fachwerkgassen sind die **Rue St-Salomon** und die **Rue St-Gwénael.** Die **Kathedrale** vereint romanische Elemente mit Ergänzungen aus dem 19. Jh. und der kreisrunden Renaissancekapelle St-Sacrement. Vor der **Stadtmauer** im Osten (Remparts; Urspr. 14. Jh.) wurde ein Park angelegt. Die alten Waschhäuser machen sich vor den Beeten und der Porte Poterne malerisch.

MUSEEN
La Cohue heißt das **Musée des Beaux-Arts** in einem mittelalterlichen Handelshof (14./15.Jh.) Ausgestellt sind Gemälde von Goya, Corot, Delacroix (Place Saint-Pierre; Juni–Sept. tgl. 13.30–18.00, sonst Di.–So. 13.30–18.00 Uhr). Das **Musée d'Histoire et d'Archéologie** im Château Gaillard (15. Jh.) widmet sich der Geschichte von Vannes und Umgebung (2, Rue Noé; Juni–Sept. tgl. 13.30–18.00 Uhr).

Salz ist das Gold von Guérande, das sich hinter seiner Port St-Michel verschanzt (links und rechts unten). Austern sind der Stolz von Arradon bei Vannes (rechts oben)

UMGEBUNG

Der **Golfe de Morbihan** bildet ein großes Binnenmeer mit Hunderten von Inseln; die **Ile aux Moines** ist die größte – inklusive Kiefernwälder, Mimosen, Palmen, dem größten Comlech der Bretagne, Stränden, Fischerkaten. Die **Ile d'Arz** blieb von der großen Touristeninvasion verschont. Mitten auf der Insel liegt ihr hübsches Dorf. Bootsrundfahrten u. a. ab Vannes, Auray und Port-Navalo (www.compagnie-du-golfe.fr).
Auf die Halbinsel von Rhuys lockt das **Château de Suscinio**, im 14. Jh. als Jagdschloss der bretonischen Herzöge errichtet (http://suscinio.fr; April–Sept. tgl. 10.00–19.00, sonst tgl. 14.00–17.00/18.00 Uhr).

INFORMATION

Office de Tourisme, Quai Tabarly,
F-56000 Vannes, Tel. +33 (0)2 97 47 24 34,
www.tourisme-vannes.com

❻ Guérande

Das „bretonische Carcassonne" (16 000 Einw.) igelt sich hinter Festungsmauern aus dem 14. und 15. Jh. ein. Salz war die Basis einstigen Wohlstands. Die Salzsümpfe reichen bis fast an die Mauern.

AKTIVITÄTEN

Ausfahrten mit dem Nachen durch die Grande Brière ab La Chaussée-Neuve, Rozé, Fédrun, La Belle-Fontaine, La Pierre-Fendue und Bréca (www.parc-naturel-briere.com).

UMGEBUNG

La Grande Brière ist ein Mosaik von Kanälen, Teichen, Schilfflächen, Feuchtwiesen, Auwäldern, die 49 000 ha bedecken– als Parc régional de Brière geschützt. Die Vielzahl an Süßwasserfischen, Zugvogelarten und gefiederten Dauerbewohnern ist spektakulär.
Salzgewinnung und Fischfang erklären das stattliche Stadtbild von **Le Croisic**. Zwischen Hafen und spätgotischer Pfarrkirche Notre-Dame de Pitié (14. und 15. Jh.) nehmen die stolzen Granit- und Fachwerkfassaden kein Ende. In den Becken des Océarium tummelt sich die atlantische Fauna und Flora vor den Augen der Besucher (Avenue de St-Goustan, www.ocearium-croisic.fr; Juli und Aug. 10.00 bis 19.00 Uhr, sonst kürzer).
La Baule am angeblich „schönsten Strand Europas" entstand, nachdem 720 ha angepflanzte Kiefern die Sanddünen zusammenhielten und die Wälder das berühmte Mikroklima der Riviera Bauloise schufen. La Baule ist sehr chic, wie diverse hiesige Hotellegenden beweisen.

INFORMATION

Office de Tourisme, 1, Place du Marché-aux-Bois, F-44350 Guérande,
Tel. +33 (0)8 20 15 00 44, www.ot-guerande.fr
Office de Tourisme, 6, Rue du Pilori,
F-44490 Le Croisic, Tel. +33(0)2 40 23 00 70,
www.tourisme-lecroisic.fr

Die Salzsümpfe von Guérande

DuMont Aktiv

Sel de Guérande wird in Handarbeit aus dem Meer gewonnen. Es ist ein reines Naturprodukt ohne chemische Zusätze. Die höchste Qualitätsstufe, Fleur de Sel, beträgt nur vier Prozent der Produktion. Mehr dazu erfährt man auf der Radtour durch die Marais Salants.

Die ca. 50 km lange Radtour geht durch ein größtenteils tischtuchflaches Gelände. Am Anfang geht es sogar aufs Boot: Mit der Fähre setzt man in einer halben Stunde von Le Croisic zum umtriebigen Fischerhafen La Turballe über. Südlich von La Turballe beginnt das Mosaik der schachbrettartig angeordneten Verdunstungsbecken. Kanäle speisen die Salzsümpfe, über denen die Sonne das Wasser verdunsten lässt. Was übrigbleibt, wird als grobkörniges Gros Sel de Guérande abgeschöpft. Die erste Schicht, das Fleur de Sel, ist viel feiner, auch im Geschmack. Näheres erfährt man beim Salzbauern Philippe Constant „Le Mulon de Pen Bron", der im Sommer durch seinen Betrieb führt. Auch im Espace Sel et Nature im Weiler Pradel, den die Paludiers, die Salzbauern, eingerichtet haben, und Stopp Nummer 2, dreht sich alles um Salz.

Von dort geht es über ein schmales Sträßchen weiter südwärts. Salzberge links, Salzberge rechts, bis man an einer Kreuzung links auf die D 92 nach Saillé abbiegt. Im Dorf der Salzbauern widmet sich die Maison des Paludiers dem Arbeitsalltag in den Salzsümpfen. Wir kehren zur Kreuzung zurück, biegen jetzt links nach Kervalet ab. Batz-sur-Mer heißt das nächste Ziel. Im Musée des Marais Salants wird eine Sammlung zur Geschichte der Salzgewinnung gezeigt. Le Croisic, Ziel der Tour, ist nun nicht mehr weit entfernt.

Weitere Informationen

Schiffsverbindungen: Le Croisic–La Turballe La Compagnie des Iles, www.navix.fr. Pendelfähre zwischen Le Croisic und der Pointe de Pen Bron (5 km südl. von La Turballe; Radmitnahme nur bei genügend Platz im Boot. Verbindungen nur im Sommer!)

Le Mulon de Pen Bron, Philippe Constant, Route de Pen Bron Lergat, http://lemulonde penbron.com. **Terre de Sel,** Pradel, www.

terredesel.com; Juli und Aug. 9.30–19.30 Uhr, sonst kürzer. **Maison de Paludiers,** 18, Rue des Prés Garnier, Saillé, www.maisondespaludiers.fr; Juli und Aug. tgl. 10.00–12.30 und 14.00–18.00, Mai, Juni und Sept. tgl. 10.00–12.30 und 14.00 bis 17.30 Uhr, sonst kürzer. **Musée des Marais Salants,** Place Adèle Pichon, Batz-sur-Mer; Juli und Aug. tgl. 10.00 bis 17.00, Juni und Sept. Di.–So. 10.00–12.30 und 14.00–18.00 Uhr, sonst kürzer

Der grüne Kern

Argoat, das Land nahe dem Wald, nannten die Kelten das Binnenland der Bretagne. Vom in der Antike noch flächendeckenden Wald blieben nur ein paar immerhin stattliche Enklaven wie der Forêt de Huelgoat oder der Forêt de Paimpont. Die jedoch bieten Raum genug für ganz große Mythen und noch größere Legenden.

Zauberlandschaft im „Artuswald" von St-Ambroise östlich von Huelgoat

Seltene Bauweise: Rotunde der Eglise St-Croix in Quimperlé

Die Bretagne ist französisch: Lebensfreude in Quimperlé

Qimperlé ist ein Parade-
beispiel lebensfroher
französischer Provinz.

Als die innere Bretagne im Mittelalter urbar gemacht wurde, fielen
die charakteristischen Buchen
und Eichen. Auch der Holzbedarf für
den Schiffsbau trug zum Verschwinden
der Wälder bei. Heute ist die Bretagne
nur noch zu fünf Prozent mit Wald bedeckt, was die Region beim Waldreich-
tum auf den letzten Platz im Land verweist. Doch dank mannshoher Hecken,
Farn und Brombeergestrüpp wirkt die
innere Bretagne dennoch üppig grün.
Bocage Breton heißt der vom Menschen
geschaffene Landschaftstyp. Typisch für
das bretonische Feld-, Wald- und Wiesen-
land sind die Erdwälle, mit denen dem
Wind Einhalt geboten wird. Die darauf
gepflanzten Hecken sind Lebensraum
für Schleiereule, Steinkauz, eine Vielzahl von Singvögeln, für Steinmarder,
Hase und Igel. Der Bocage Breton aber
schwindet. Allein zwischen 1996 und
2008 sind weit mehr als ein Zehntel der
landschaftsprägenden Hecken und Wälle
verschwunden. Der Grund dafür liegt in
der Intensivierung der Landwirtschaft,
bei der ein kleinteiliges Raster nur stört.
Seit 2015 unterstützt die Region Bauern
mit dem Programm Aide Breizh Bocage.
Die finanziellen Anreize sollen dazu bei-
tragen, dass die verbleibenden 180 000
Kilometer Hecken und Wälle erhalten
bleiben.

An der Sprachgrenze
Wo genau die Sprachgrenze zwischen
Bretonisch und Französisch verläuft, ist
schwer zu definieren. Denn die Grenze
zwischen der Bretagne bretonnisante
und der französischsprachigen Bretagne
ist grün. Ungefähr auf einer Linie, die
bei St-Brieuc im Norden beginnt und im
Süden bei Vannes endet, scheiden sich
die Sprachen. Westlich dieser Linie be-
kannten sich bei der letzten großen Erhebung 1999 gut 300 000 Bretonen dazu,
Bretonisch als Muttersprache zu beherr-
schen. Machte damals achteinhalb Prozent der erwachsenen Bevölkerung –
Tendenz fallend: trotz Dutzender breto-
nischsprachiger Schulen des Vereins
Diwan (Keim), der seit 1977 versucht, ein
paralleles bretonisch-sprachiges Bildungs-
system zu etablieren; trotz der Möglichkeit, das Abitur auf Bretonisch abzu-
legen; trotz bretonischer Scheckhefte,
die alle Bankfilialen des Crédit Mutuel
bereithalten.

Die demographische Entwicklung befördert das Aussterben des Bretonischen.
Wer Bretonisch spricht, zählt im Durch-
schnitt mehr als 50 Lebensjahre, stammt
vom Land und lebt in den eher abge-
legenen Départements Finistère oder
Côtes d´Armor, dort also, wo Landflucht
die Bretagne auszehrt. Und so kam man
2009 bei einer freilich nicht hieb- und

Das Meer ist nicht
weit: Angebot in der
Belle-Époque-Markt-
halle von Quimperlé

In Quimperlé vereinigen sich Isole und Ellé zur Laïta. Dahinter ragt die auf das 13. Jahrhundert
zurückgehende Kirche Notre-Dame-de-l'Assomption auf

Malestroit liegt am Oust und am Canal de Nantes à Brest (oben und unten rechts). Guéméné-sur-Scorff: Die Spezialität der Metzgerei „Maison de l'Andouille" in der Rue Bellevue ist Andouille de Guéméné, eine Innereienwurst (unten links)

Gastlichkeit an Malestroits von Fachwerk und Granitfassaden geprägter Place du Bouffay

Granit bestimmt das Ortsbild von Malestroit, das als Kleinstadt „mit besonderem Charme" gilt.

stichfesten Erhebung noch auf ganze 172 000 Bretonen, die sich mühelos auf Bretonisch verständigen können. Nahezu zwei Drittel der Befragten waren bereits im Rentenalter.

Stille am Kanal

Vilaine, Oust und eine Vielzahl kleinerer Flüsse sind die Lebensadern im Argoat, dem „Waldland" im Inneren der Bretagne. An ihren Ufern stehen trutzige Burgen. Städte und Dörfer erblühten durch den Handel auf dem Wasser. Mit der Vollendung des Kanals von Nantes nach Brest bekam das Geschäft 1840 nochmals kräftig Auftrieb. Geplant war, die drei großen bretonischen Seehäfen Brest, Lorient und Nantes durch ein zusätzliches Binnenwassersystem zu verbinden. Diese Infrastrukturmaßnahme ist heute Grundlage einer der attraktivsten Reisewege durch die grüne Mitte der Bretagne. Lastkähne tuckern hier längst nicht mehr. Im Gegenzug wuchs die Flotte der Hausbooturlauber. Für Radfahrer und Wanderer bieten die Treidelpfade einen Parcours zur Erkundung der Stille.

Der Weg führt unweigerlich auch in den Wald. Wo die Fee Viviane, der Zauberer Merlin und Lancelot, Ritter der Tafelrunde, der Legende nach gelebt haben sollen, finden sich New Age-

Anhänger, selbst ernannte Artus-Ritter, Gralssucher, Druiden und Barden zusammen. Im Wald von Paimpont, Herz des mythischen Zauberwalds von Brocéliande, zog König Artus einst gegen das Böse ins Feld. Die Legende konnte Unheil vom Wald nicht abhalten. Ein Orkan hat den Forêt de Paimpont Ende der 1980er Jahre dramatisch ausgedünnt, ein Großbrand 1990 weitere 200 Hektar Bäume beseitigt. Es wurde kräftig wieder aufgeforstet, damit die Wiege aller bretonischen Legenden so bleibt, wie es sich seit keltischer Zeit gehört – grün.

Tour de Bretagne

Sieben Schutzheilige kennt die Bretagne. Im Uhrzeigersinn zählen dazu der hl. Patern in Vannes, der hl. Corentin in Quimper, der hl. Pol Aurélien in St-Pol-de-Léon, der hl. Tugdual in Tréguier, der hl. Brieuc in St-Brieuc, der hl. Malo in St-Malo und der hl. Samson in Dol-de-Bretagne. Der ins Mittelalter zurückreichende Pilgerweg Tro Breiz führt von der Wirkungsstätte eines Heiligen zur nächsten. Macht eine Tour rund um die Bretagne, die auf ihren einsamsten Abschnitten ins Herz der Region führt. Wobei einsam relativ ist – oder besser war. Jeder Bretone, der auf sich hielt, absolvierte vom 13. bis ins 16. Jahrhundert den Tro Breiz. Daran erinnern Granit-

Josselins Altstadtflair an der Basilika Notre-Dame-du-Roncier

kreuze auf einsamer Flur, Kapellen und Brunnen oder Pilgerfiguren an Kirchenportalen. Einen Monat oder mehr brauchten die Pilger für die knapp 600 Kilometer lange Tour de Bretagne.

Seit Mitte der 1990er-Jahre erlebt der Brauch dank des Vereins „Les Chemins du Tro Breiz" eine Renaissance. Erneut begeben sich Pilger auf den Weg – vor allem im August zur offiziellen gemeinsamen Wanderung, die jedes Jahr einem anderen Abschnitt folgt. Die meisten Begegnungen auf dem Tro Breiz hat man heute allerdings mit weltlich motivierten Wanderern, die auf dem alten Pilgerweg die Bretagne in ihrer gesamten Tiefe erkunden.

Pforten ins Jenseits

Ménez, abgeflachte Hügelkuppen, wechseln mit Roc'h, scharfkantigen Schiefergipfeln. Kalvarienkreuze zeichnen Scherenschnittbilder in den Himmel. Feldwege führen ins Nichts, wo zumindest eine Kapelle in der krautigen Weite für seelischen Beistand bürgt. Haushohe Felsen lassen sich nur durch einfaches Handauflegen zum Zittern bringen. Taleinschnitte sind so tief und düster, dass der Volksmund sie als „Pforten ins Jenseits" bezeichnet. Für den bretonischen Schriftsteller Jacques Cambry, der 1805 mit Blick auf die seinerzeitige Renaissance des Gallischen die Académie Celtique gründete, waren die unwirklichen

Höhenzüge der Monts d'Arrée und der Montagnes Noires „eine traurigere Einöde als die von Afrika".

Im Unterschied zu Afrika aber gibt es im bretonischen Hochland reichlich Wasser, und dies nicht nur von oben. Der Canal Nantes–Brest und die Aulne trennen die beiden Höhenzüge, doch die sichtbarste Wasserfläche bleibt der von Sümpfen und Mooren gerahmte Lac de Nestavel in den Monts d'Arrée. Von 1966 bis 1985 wurde das Wasser des Sees zum Kühlen des Atomkraftwerks am östlichen Ufer genutzt. Dann schloss die Anlage wegen mangelnder Rentabilität. Macht eine „Pforte ins Jenseits" weniger im bretonischen Hochland.

Rochefort-en-Terre gilt als eines der schönsten Städtchen Frankreichs und weiß daraus touristisches Kapital zu schlagen

Rochefort-en-Terre: Das „Café Breton" bietet in einem Granitbau aus dem 16. Jahrhundert regionale Spezialitäten (rechts). Nur ein paar Schritte entfernt, weitet sich die Rue de Porche zu einem kleinen Platz mit Brunnen (links)

ARTUSSAGE

Keltische Wälder,
keltische Mythen

Mag sein, dass Keltenkönig Riothamus, der sich im fünften nachchristlichen Jahrhundert in Britannien wacker gegen die Angelsachsen schlug, am Anfang der Artussage stand. Für die detailverliebte Ausschmückung seines Kampfs und das Weiterspinnen der Geschichte kann der tapfere Kelte allerdings nichts.

Zu Ehren kam die Artussage erstmals durch Geoffroy of Monmouth. Der britische Geistliche und Gelehrte hatte im 12. Jahrhundert mit dem „Leben des Merlin" den literarischen Grundstein des bretonischen Mythenwerks verfasst. Keltische Einwanderer sollen die Sage über den Ärmelkanal in die Bretagne gebracht haben, wo das Geschehen um den legendären König Artus und den Zauberer Merlin in den Forêt de Paimpoint verortet wurde. 1803 übertrug Dorothea Schlegel Geoffroy of Monmouths Werk ins Deutsche – als Tribut an die Romantik. Seitdem ist die Artussage auch hierzulande ein beliebter Stoff.

Die sagenhafte Geschichte

Doch der Reihe nach, und ohne Anspruch, die definitive Version zu liefern. Artus, englischer König von Gottes Gnaden, durch die Hilfe seines Ziehvaters, des Zauberers Merlin, auf den englischen Thron gelangt, verschafft sich beim Turnier die tödlichste Waffe im Reich, das Schwert Excalibur. Andere Thronanwärter werden damit ebenso vernichtet wie die anstürmenden Sachsen. England geht es zwölf lange Jahre gut. Der König tafelt mit 38 Getreuen an einem runden Tisch, so wie es Merlin ihm ans Herz gelegt hat. Als „Ritter der Tafelrunde" sorgen die Krieger für Recht und Ordnung im Lande,

Château de Comper-en-Brocéliande, heute Zentrum der Artus-Gläubigen (oben). Wald von Brocéliande: Goldbaum im Tal ohne Rückkehr (links)

während Artus' Angetraute Guinevra daheim den Sitz Camelot hütet. Merlin verliebt sich derweil im Wald von Brocéliande, vulgo Forêt de Paimpont, in die Fee Viviane. Sie hat Lancelot am Boden des Sees von Comper in einem Schloss aufgezogen. Auch Lancelot gehört später zur Tafelrunde.

Dann macht Parzival die damit nun 40 Köpfe zählende Tafelrunde entgegen aller Warnungen Merlins komplett. Auf Parzival fällt die Aufgabe, den Heiligen Gral zu suchen, den Kelch, in dem Joseph von Arimathia das Blut Christi aufgefangen haben soll. Über dem Verbleib der verschleppten Reliquie liegt der Nebel der Geschichte. Nur soviel: Der beste aller Ritter wird den Gral zurückerobern. Und so nimmt das Unheil seinen Lauf. Bald nährt Lancelot eine Amour fou für Guinevra, muss jedoch davon ausgehen, dass Artus wenig von einer Ménage à trois hält. Lancelot sucht konsequenterweise das Weite. Andere Ritter folgen, oder sterben im Kampf. Artus' Neffe Mordred, ein Fiesling, wie er in der Sage steht, nutzt die Abwesenheit des Königs zum Umsturz. Artus marschiert mit dem Gefolge letzter Getreuer zum aussichtslosen Kampf gegen den mit abtrünnigen Herzögen verschworenen Neffen auf. Mordred fällt zwar, aber Artus verliert die Schlacht.

Letzer Akt auf Avalon, der Todesinsel im Atlantik. Ihr entgegen segelt der schwerverletzte Artus. Merlin ist mit von der Partie. Fin. Bis auf Weiteres, denn eines Tages wird Artus zurückkehren. Wehe dann allen Bösewichten!

Der Wald von Brocéliande bei Paimpont ist ein Hort mystischer Stätten. Zu ihnen gehört das Tal ohne Rückkehr, zu dem man von Tréhorenteuc aus aufbrechen kann (oben). Als L'Eglise du St-Graal wurde Tréhorenteucs im 17. Jahrhundert errichtete Kapelle zu einer Stätte der Gralsverehrung; das bunte Kirchenfenster illustriert den Mythos um die Reliquie (unten)

Maßstab 1:830.000

0   10km

Kleinstädte mit Charakter, Wälder mit Geschichte

Die abgeschiedene Lage hat viele Orte der inneren Bretagne vor dem Verlust des historischen Ortsbilds bewahrt. Intakte Natur und das reiche Angebot an Outdoor- aktivitäten sind weitere touristische Pfründe. Legenden, mythische Orte, magische Berge ein weiterer Grund, dem Strand den Rücken zu kehren.

❶ Huelgoat

Huelgoat (1700 Einw.) bedeutet „hoher Wald". Das Städtchen mit dem weiten Hauptplatz ist seit Beginn des 20. Jh. ein Mekka für Wanderer und Wassersportler: 600 ha Wald und See reichen bis direkt an den Ortsrand.

SEHENSWERT
Le Chaos du Moulin heißt ein wildroman- tischer Taleinschnitt, der bei der Mühle am Ortsrand beginnt. Links und rechts des Flüsschens Argent türmen sich von der Erosion und den Kräften der Eiszeit glattgescheuerte Felskolosse. Treppen und Leitern führen in Felshöhlen. Der berühmteste Stein, La Roche Tremblante, wiegt 100 t und kann mit einem leichten Druck an der richtigen Stelle zum Wackeln gebracht werden.

AKTIVITÄTEN
Der dreistündige **Rundweg Grand Circuit** führt durch das Chaos du Moulin zu Natur- wundern wie dem Waldtümpel La Mare aux sangliers und der Artus-Grotte (Wanderkarte im Office de Tourisme).

UMGEBUNG
Der von einer Kapelle gekrönte, ratzekahle 380 m hohe Gipfel der **Montagne St-Michel** bildet mit dem 384 m hohen Tuchenn-ar-Gador und dem 383 m hohen Roc'h Trévézel eine Gipfelkette, die den Höhenzug der **Monts d'Arrée** TOPZIEL beherrscht. Die Höhenstraße D 785 führt an allen dreien vorbei.
Das umtriebige **Carhaix-Plouguer** steht für eines der größten Rockfestivals Frankreichs: 200 000 Besucher strömen im Juli zum Festival des Vieilles Charrues (www.vieillescharrues. asso.fr). Zudem für die berühmteste breto- nische Brauerei: Die Brasserie Coreff war Vor- reiter der Mikrobrauereien-Welle, produziert zwölf Biersorten, und kann besichtigt werden (2, Place de la Gare, Tel. 02 98 93 00 70, www. brasserie-coreff.com).

INFORMATION
Office de Tourisme, 18,Place Aristide-Briand, F-29690 Huelgoat, Tel. +33 (0)2 98 72 32, www.huelgoat-carhaix-tourisme.com

La Roche Tremblante im Chaos du Moulin bei Huelgoat (links). Die Place Bisson in Guéméné- sur-Scorff (rechts)

❷ Gourin

Die „Hauptstadt" der Montagnes Noires war Zentrum einer Auswanderungswelle nach Amerika, die bis 1930 Tausende auf der Suche nach einem besseren Leben über den Atlantik spülte. Am Hauptplatz hält eine Kopie der ame- rikanischen Freiheitsstatue die Fackel hoch. Gourin ruft sich zudem jedes Jahr im Juli an- lässlich der Fête de la Crêpe zur „Hauptstadt der Crêpes" aus.

UMGEBUNG
23 Jahre hat Paul Sérusier (1864–1927) in **Châteauneuf-du-Faou** (25 km westl.) ver- bracht. Die leuchtendbunten Fresken in der Taufkapelle der Pfarrkirche sind das Werk des Gauguin-Schülers.
Seit 1893 thront das Schloss von **Trévarez** etwas südl. von Châteauneuf-du-Faou auf einem Fels oberhalb des Aulne-Tals als fran- zösisches Produkt des restaurierend-histori- sierenden Zeitgeistes, der Neuschwanstein oder Hohkönigsburg im Elsass entstehen ließ.

1944 von den Alliierten bombardiert, zeigt der Bau selbstbewusst die Spuren der Zerstörung. Der dazugehörige 85 ha große Park verbindet einen botanischen Garten mit der Gestaltung eines Englischen Parks und einem Arboretum. Zahlreiche Veranstaltungen und Ausstellungen! (www.cdp29.fr/fr/presentation-trevarez; Juli und Aug. tgl. 10.00–18.30, März–Juni und Sept. bis Mitte Okt. tgl. 13.30–18.30 Uhr).

INFORMATION
Office de Tourisme, 24, Rue de la Libération, F-56110 Gourin, Tel. +33 (0)2 97 23 66 33, www.tourismepaysroimorvan.com

❸ Guéméné-sur-Scorf

Das schmucke Städtchen (1200 Einw.), das sich ans Ufer des Flüsschens Scorff drückt, wurde durch die Andouille weithin bekannt: Die Wurst aus Innereien wird über Buchenholz geräuchert und dann in mit Heu aromatisiertem Wasser gekocht.

VERANSTALTUNGEN

Bei der **Fête de l'Andouille** dreht sich alles um die Wurst, die mit Kartoffelpüree gegessen wird. Beim zugehörigen **Fest-Noz** treten Folkloregruppen auf (2. So nach dem 15. Aug.).

UMGEBUNG

Hauptattraktion von **Berné** (20 km südw.) ist die dem hl. Brevin, Bischof von Canterbury, geweihte Kirche (16./17. Jh.) samt umfriedetem Pfarrhof. Rundherum locken ein paar Hundert Hektar Wald.

Die Markthalle beherrscht auch 500 Jahre nach ihrem Bau **Le Faouët** (30 km westl.). Bezaubernd ist die Lage der spätgotischen Chapelle Ste-Barbe (um 1500) auf einem Fels über dem Ellé-Fluss. Nicht ganz so einsam liegt die Chapelle St-Fiacre (1480); wie ein Dreizack krönen

Ein Grüner avant la lettre

. . . .

46 Jahre lang war Yves Rocher Bürgermeister von La Gacilly. Der Sohn eines Hutmachers wurde 1930 in diesem hübschen Städtchen geboren und landete in den 1950er Jahren mit einer Creme gegen Hämorrhoiden einen großen Coup. Die Creme wurde auf rein pflanzlicher Basis hergestellt – Rocher war schon damals seiner Zeit voraus. Zehn Jahre später war das Sortiment um etliche Kosmetika erweitert. Noch immer produzierte Rocher nur mit Naturstoffen. Heute werden die Kosmetika in 80 Länder exportiert – und in der Bretagne produziert. 2009 gründete Yves' Sohn Jacques das Öko- und Wellnesshotel "La Grée des Landes", mit Frankreichs erstem Haute-Cuisine-Bio-Restaurant, Spa, Vogelschutzgebiet, Bio-Gemüsegarten …

INFORMATION

€€€ La Grée des Landes, F-56200 La Gacilly, Tel. 02 99 09 50 50, www.lagreedeslandes.com

Die Renaissance-Stadtseite des Schlosses von Josselin (links). Das „Café Breton" in Rochefort-en-Terre (rechts)

Glockenturm und zwei Treppentürmchen die Westfassade. Atemberaubend in seiner Detailverliebheit ist der hölzerne Prachtlettner. **Quimperlé** (35 km südw.) ist ein Paradebeispiel französischer Provinz – eine Mischung aus Markthalle, krummgiebeliger Gassenidylle und bürgerstolzen Fassaden. Der romanische Kuppelbau von Ste-Croix (Urspr. 11. Jh.) ist ein seltenes Beispiel einer kreisrunden Kirche.

INFORMATION

Office de Tourisme, Rue Haha, F-56160 Guémené-sur-Scorff, Tel. +33 (0)2 97 39 33 47, www.tourismepaysroimorvan.com

❹ Josselin

Josselin (2700 Einw.) baut sich dramatisch am Ufer des Oust auf. Fast alle Fassaden sind restauriert, jedes krumme Gebälk geschickt in Szene gesetzt. Wer mit dem Boot ankommt, wird von der türmereichen Steinwand der Burg verblüfft.

SEHENSWERT

Die mittelalterliche **Burg,** Sitz der Herzöge von Rohan, empfängt zum Hof mit reich gestalteter Renaissancefassade (um 1500). Ein gekröntes A fällt immer wieder auf: die Herzöge erwiesen damit Anna der Bretagne ihre Reverenz (www.chateaudejosselin.com; Führungen Mitte Juli bis Aug. tgl. 11.00–18.00, April–Mitte Juli und Sept. tgl. 14.00–18.00, Okt. tgl. 14.00–17.30 Uhr). **Notre-Dame-du-Roncier** verlor während der Revolution ihren kostbarsten Schatz: 1789 verbrannten Aufgebrachte ein wundertätiges Marienbildnis. Ein Reliquienschrein birgt die Überreste. Vom Turm der Basilika (überw. 12. Jh.) überblickt man das Tal des Oust (tgl. 9.00–18.00 Uhr, Turm nur April–Okt.).

MUSEUM

Das **Musée des Poupées et des Jouets** in den ehem. Pferdeställen der Burg zeigt 600 Puppen und Spielzeuge des 17.–20. Jh. (Öffnungszeiten wie Burg, s. o.).

HOTEL

Das alteingesessene €€ **Hôtel du Château** liegt am Ufer des Oust. Von den gepflegten Zimmern blickt man auf die Burg (1, Rue du Général-de-Gaulle, F-56120 Josselin, Tel. 02 97 22 20 11, www.hotel-chateau.com).

UMGEBUNG

Willkommen bei Merlin, Viviane und den Rittern der Tafelrunde: Der illustre Kreis hat im Wald von Paimpont sein Zuhause. Der Wald bedeckt ein knapp 7000 ha großes Gebiet, ist jedoch nur der Überrest des sagenhaften **Forêt de Brocéliande,** der einmal die gesamte innere Bretagne mit einem dichten grünen Dach beschirmte. Mittendrin liegt **Paimpont** (20 km nordöstl. von Ploërmel): Schieferhäuser, ein Teich und die Ruinen einer Abtei versprühen einen spröden Charme. Im Süden bildet der Ortsteil Les Forges mit Schmiede, Teichen und Kapelle ein stimmiges Ensemble. Im Norden bröckelt die Burg von **Comper** (16. Jh.; nördl.) malerisch am See der Viviane. Im Gemäuer zeigt das **Centre de l'Imaginaire Arturien** alles, was es zur Artuslegende auszustellen gibt (http://centre-arthurien-broceliande.com; wechselnde Öffnungszeiten).

INFORMATION

Office de Tourisme, 4, Rue des Remparts, F-56120 Josselin, Tel. +33 (0)2 97 22 36 43, www.josselin-communaute.fr

❺ Malestroit

Kais und Brücken über den Oust machen den Charme des Städtchens (2600 Einw.) am Canal Nantes–Brest und an der Oust aus. Rund um die von Fachwerk und auskragenden Natursteinfassaden gesäumte Place du Bouffay laden Gassen zum Flanieren ein. Hausbootkapitäne und Wanderer auf dem Treidelpfad schätzen die „Perle der Oust" als ruhigen Etappenhalt.

SEHENSWERT

Die **Pfarrkirche St-Gilles** wurde im 12. Jh. über einer heiligen Quelle gebaut. Bei den

2011 wiederentdeckten Fresken fällt besonders ein für die Schlacht geschmückter Elefant ins Auge.

UMGEBUNG
In **La Gacilly** (20 km südöstl.) fällt der üppige Blumenschmuck auf – das hier ansässige Kosmetikunternehmen Yves Rocher macht es möglich (s. Tipp). Dass das Städtchen floriert, beweisen auch an die 30 Ateliers von Kunsthandwerkern und Künstlern. Von Juni bis Ende Sept. wird La Gacilly zudem zur größten Open-Air-Fotogalerie der Welt. Das von Yves Rocher initiierte Festival Photo stellt jedes Jahr ein anderes Land in den Focus. Die Bilder stehen in den Straßen, hängen an Gebäuden, überraschen in freier Natur (www.festivalphoto-lagacilly.com).

INFORMATION
Office de Tourisme, 5, Rue Ste-Anne, F-56140 Malestroit, Tel. +33 (0)2 97 75 45 35, www.tourisme.ccvol.fr

6 Rochefort-en-Terre

Der 700 Einw. zählende Ort hat doppelt Glück: Rochefort-en-Terre zählt zum handverlesenen Kreis der „schönsten Dörfer Frankreichs" und ist auf regionaler Ebene Mitglied der „Kleinen Orte mit Charakter". Hinzukommt die dramatisch schöne Lage auf einem Felssporn.

SEHENSWERT
Die Pfarrkirche **Notre-Dame-de-Tronchaye** zeigt einen markanten Turm aus dem 12. Jh. und eine reiche Innenausstattung, darunter einen frühbarocken Altar.

RESTAURANTS
Eine gelungene Mischung aus altem Gemäuer, frischem Design und anspruchsvoller Küche bietet €€€/€€ **L'Ancolie** (12, Rue St-Michel, Rochefort-en-Terre, Tel. 02 97 43 33 09; Di. abends geschl.). Das € **Café Breton** wurde 1818 in einem herrschaftlichen Bau aus dem 16. Jh. eröffnet; hier gibt es Crêpes (8, Rue du Porche, Rochefort-en-Terre, Tel. 02 97 43 32 60, April–Juni Fr. geschl.).

AKTIVITÄTEN
Die 52 km lange **Voie Verte** von Questembert nach Mauron folgt via Malestroit und Ploërmel einer zum Rad- und Wanderweg ausgebauten ehemaligen Bahntrasse.

UMGEBUNG
Questembert (10 km südw.) hat die 1552 erbaute, 55 m lange und 15 m breite Markthalle über die Jahrhunderte gerettet – in der Mo. morgens noch immer ein großer und Mi. nachmittags ein Erzeugermarkt gehalten wird.

INFORMATION
Office de Tourisme, 7, Place du Puits, F-56220 Rochefort-en-Terre, Tel. +33 (0)2 97 26 56 00, www.rochefortenterre tourisme.com

Genießen   Erleben   Erfahren

DuMont Aktiv

Wandern in den Sonnenaufgang

Auch wenn man kein Frühaufsteher ist, wird einen der Morgen auf den Monts d'Arrée verzaubern. Die unwirkliche Schönheit der Montagne St-Michel, die Mysterien der Heidelandschaft und die Kommentare eines Legendenführers wie Youenn sind so packend, dass Müdigkeit keine Chance hat.

Um uns aufzuwärmen, steigen wir zuerst durch die Heide von St-Antoine auf. Nur ein paar wilde Birnbäume und immergrüner Stechginster ragen aus der Weite empor. Unser Führer Youenn weist zwischen felsigen Steilhängen zur Montagne St-Michel. Zu unseren Füßen tanzen Nebelfetzen über dem Heidekraut. In der Ferne glitzert die Bucht von Morlaix in den ersten Sonnenstrahlen. Unheimlich klingen die Sagen, die Youenn zum Besten gibt. Denn im Hochmoor öffnen sich die Pforten zur Hölle: Ein unsichtbarer Weiher verschlingt verdammte Seelen. Oft geht es daher um Ankou. Doch der Tagesanbruch zwingt den bretonischen Sensenmann, seinen Beobachtungsposten auf dem Tuchenn Gador zu verlassen, von dessen Höhe er in die bretonischen Seelen blickt. Die Monts d'Arrée werden auch von harmloseren Kreaturen bevölkert, den Korrigans, einer Art Kobold mit Strubbelkopf und Bart. Und tatsächlich, bewegt sich da nicht etwas? Oder fährt nur der Wind durchs Pfeifengras?

Nach und nach macht die Heide Hortensien Platz. Die Wanderung endet vor einer Kate mit Schieferdach. Ein üppiges Frühstück wartet. Es gibt Bio-Brot aus St-Thégonnec, Marmelade aus Le Huelgoat, noch lauwarme Crêpes – Morgenstund' hat in den Monts d'Arrée nicht nur Legenden im Mund.

Weitere Informationen

Die Wanderung hoch zum Sonnenaufgang umfasst knapp 10 km.

Association ADDES, Ancienne Mairie, Bourg, F-29690 Botmeur, Tel. 02 98 99 66 58, www. arree-randos.com; kommentierte Wanderung mit Frühstück ab 12 € pro Pers.

*Cancale ist eine der bretonischen Austern-
Hochburgen (oben)*

Service

*Ein bisschen Planung hilft immer.
Nachfolgend einige nützliche Hinweise und
Hintergrundinformationen zur Bretagne.*

Anreise

Mit dem Auto: Über die Autoroute 11 (Autobahn) L'Océane und das Anschlussstück A 81
gelangt man von Paris in gut 4 Std. bis Rennes,
wo die Autobahn endet. Eine nicht minder gut
ausgebaute vierspurige Schnellstraße (N 157)
schliesst ab Vitré an und führt über Josselin bis
Lorient (N 24). Von Lorient bis Brest ist die Strecke ebenfalls vierspurig ausgebaut (N 165).
Längs der Nordküste gelangt man von Rennes
kommend via St-Brieuc und Morlaix ebenfalls
über eine vierspurige Trasse nach Brest (N 12).
Wer in den Süden will, hält sich ab Le Mans
weiter auf der A 11 in Richtung Nantes. Staus
drohen zu den Wechseltagen von Juli- und
Augusturlaubern (15. Juli, 15./31. Aug.) und an
verlängerten Wochenenden (Ostern, Pfingsten).
Aktueller Zustand der Straße und Vorhersagen
für Staus unter www.bison-fute.gouv.fr.
Mit der Bahn: Alle Wege führen über Paris.
Zugreisende aus Hamburg, Berlin und Köln
kommen an der Gare du Nord, aus München,
Frankfurt an der Gare de l'Est an. Genügend
Zeit zum Umsteigen in Paris kalkulieren: Man
benötigt ca. 40 Min. mit Metro-Linie 4 zum
Bahnhof Montparnasse. Mit dem Hochge-
schwindigkeitszug TGV gelangt man ab Paris in
gut 2 Std. bis Rennes, in 4 Std. bis Brest via
St. Brieuc, Morlaix, in 2,5 Std. bis Nantes. Für den
TGV sind Reservierung und Zuschlag erforder-
lich. Wenn 2017 die neue TGV-Linie Bretagne-
Pays de la Loire eröffnet, verkürzt sich die
Fahrtzeit nach Rennes auf 90 Min., nach
Nantes auf 2 Std. – allerdings wird man in
Tours umsteigen müssen. Informationen auf
www.voyages-sncf.com.
Mit dem Flugzeug: Als einziger Flughafen
der Region wird Nantes von Deutschland aus

direkt angeflogen (Air France ab Düsseldorf,
Frankfurt/M., Berlin, München, Genf; www.air
france.de). Ansonsten muss man in Paris-
Charles de Gaulle umsteigen, um etwa nach
Brest weiterzufliegen. Die Air-France-Low-Cost-
Tochter Hop fliegt zudem von Paris-Orly nach
Rennes, Lannion und Lorient (www.hop.fr).

Auskunft

... in Deutschland: Atout France, Postfach
100 128, 60001 Frankfurt/Main, info.de@
rendezvousenfrance.com, www.france.fr
... in Österreich: Atout France, Tel.
+43 1 503 28 92, info.at@rendezvousenfrance.
com, www.france.fr
... in der Schweiz: Atout France, info.ch@
rendezvousenfrance.com, www.france.fr
Botschaften: Deutsche Botschaft, 24,
Rue Marbeau, F-75116 Paris, Tel.
+33 (0)1 53 83 45 00, www.allemagne.diplo.de
Österreichische Botschaft, 6, Rue Fabert,
F-75007 Paris, Tel. +33 (0)1 40 63 30 63, www.
amb-autriche.fr
Schweizer Botschaft, 142, Rue de Grenelle,
F-75007 Paris, Tel. +33 (0)1 49 55 67 00, www.
eda.admin.ch

Autofahren

Verkehrsregeln: In Ortschaften gilt 50 km/h,
auf Landstraßen 90 km/h, auf Schnellstraßen
110 km/h, auf Autobahnen 130 km/h **Höchst-
geschwindigkeit.** Im Kreisverkehr hat man
Vorfahrt. **Anschnallen** auf Vorder- und Rück-
sitzen ist Pflicht. Die **Alkoholgrenze** liegt bei
0,5 Promille. Kontrollen sind häufig, Geldbußen

drastisch! Der Führerschein ist bei extremem
Rasen und Alkoholkonsum sofort weg. Das
Schild Toutes directions verweist auf die Stre-
ckenführung für Durchreisende. **Parkverbot**
herrscht vor Postämtern, Polizeistationen,
Krankenhäusern, vielen Schulen/Kindergärten
und an gelb markierten Bordsteinen.
Tanken: Das Tankstellennetz ist dicht. Man

Tipp

Kleiner Preis,
großes Essen

Viele Restaurants, Cafés und Bistros
bieten an Werktagen mittags ein Tages-
gericht (Plat du Jour) oder eine Formule
an (Vorspeise plus Hauptgang oder
Hauptgang plus Dessert, evtl. mit Café
und/oder einem Glas Wein). Eine Tendenz bei hochkarätigen Restaurants
sind Ableger in Form eines Bistros:
Auch hier speist man günstiger und bekommt einen Geschmack vom Können
eines „großen" Chef de Cuisine. Bei den
Restaurants der Vereinigung Logis de
France steht ein im Preis-Leis-
tungs-Verhältnis attraktives Menu du
Terroir auf der Karte: Es umfasst drei
Gänge, serviert wird nur Regionaltypi-
sches (www.logishotels.com).

Port-Tudy auf der Ile de Groix (links oben). Bummel über die Bastionen von St-Malo (links unten). Bizarre Felsen bei Brignogan-Plage (rechts)

Preiskategorien

€ € € €	Menü	über 60	€
€ € €	Menü	35 – 60	€
€ €	Menü	20 – 35	€
€	Menü	unter 20	€

tankt sans plomb (bleifrei) und wählt zwischen Super (95 Oktan) und Super 98 oder Gazole (Diesel). Am günstigsten sind Zapfsäulen der Supermärkte.

Pannenhilfe: Auf Autobahnen kann Hilfe über die Notrufsäulen angefordert werden, sonst über den Polizeinotruf 17. Den ADAC erreicht man unter Tel. +49 89 22 22 22.

Einreise und Zoll

Für EU-Bürger und Schweizer reichen **Personalausweis** oder **Identitätskarte**. Kinder benötigen unabhängig vom Alter ein eigenes Reisedokument. Frankreich ist dem Schengener Abkommen beigetreten, kontrolliert aber infolge der Terrorismusdebatte stichprobenhaft an den Grenzen. Auch EU-Bürger benötigen für einen Aufenthalt über drei Monate eine Aufenthaltsgenehmigung.

Zollfrei mitgenommen werden dürfen 10 l Spirituosen, 20 l andere alkoholische Getränke mit max. 22 %, 90 l Wein, davon max. 60 l Schaumwein, 110 l Bier. Bei Tabak liegen die Grenzen bei 800 Zigaretten, 400 Zigarillos, 200 Zigarren oder 1 kg Tabak.

Essen und Trinken

Kategorien: Café oder Bar bedeutet soviel wie Kneipe. Für den Hunger zwischendurch gibt es ein Sandwich, vielleicht auch eine Crêpe oder Galette. Für Petits Fours und Kuchen geht man hingegen in einen Salon de Thé. Im Restaurant wählt man entweder zwischen den Menüs oder man speist teurer à la carte. Feste Zeiten, zu denen man tags mittags (12.00–14.00 Uhr) oder abends (19.00 bis 21.00 Uhr) bestellen kann, sind heilig. Weniger streng an Mittags- und Abendzeiten halten sich Brasserien: Das Rezept lautet „durchgehend warme Küche", auch zu späterer Stunde. Unter Bistro verstand man früher einfache Restaurants, in denen man unkompliziert schnell etwas essen konnte. Der Begriff hat einen enormen Bedeutungswandel durchlaufen. Michelin-Stern und Bistro schließen sich nicht mehr aus. An die Herkunft des Bistros erinnert noch der im Gegensatz zum Restaurant weniger offizielle Rahmen – die

Preise indes nicht. Urbretonisch ist die Crêperie, wo man einen hauchdünnen, dunklen Buchweizenpfannkuchen (Galette) oder einen hellen Weizenpfannkuchen (Crêpe) bestellen kann. Restaurantempfehlungen finden sich auf den jeweiligen Info-Seiten.

Spezialitäten: Crêpes und Galettes isst man mit herzhafter oder süßer Füllung, in Menüabfolge oder zum Dessert. Bis in die Hochküche geschafft hat es der mit Ochsenschwanz, Schweinebauch, Wirsing, Porree, Karotten, Eiern und Salzbutter zubereitete Eintopf Kig ha farz – dann jedoch mit Hummer. Geräucherte Blut- und Innereienwürste (Boudin und Andou-

ille) sowie Kutteln (Tripes) in Cidre sind weitere Spezialitäten der bäuerlichen Bretagne. Auch die scheinbar urdeutsche Schweinshaxe (Jarret de Porc) schmeckt den Bretonen. In Küstennähe, etwa in der Bucht des Mont St-Michel, steht Salzlamm (Agneau Présalé) auf der Karte. Dazu gibt es Cocos de Paimpol, weiße Bohnen. Die besten Austern stammen aus Cancale und dem Golf von Morbihan; man genießt sie mit einem Spritzer Zitrone oder einer Schalottenvinaigrette. Ein Plateau de Fruits de Mer wiegt schwer: Miesmuscheln (Moules), Venusmuscheln (Palourdes), Herzmuscheln (Praires) türmen sich mit Seespinne (Araignée), Taschenkrebs (Tourteau), Langustinen, Seeschnecken (Bulots) und Strandschnecken (Bigorneaux) auf. Als Königin unter den Muscheln gilt die Jakobsmuschel (Coquille St-Jacques), die als Ragout oder in der Schale überbacken serviert wird. Zu Hummer reicht man eine scharfe Tomaten-Wein-Sauce (à l'amoricaine). Rochen in Butter-

Info

Daten & Fakten

Geografie: Die bretonische Halbinsel zwischen Ärmelkanal im Norden und Atlantik im Nordwesten hat eine Längsausdehnung von 250 km und eine Breite von maximal 150 km. Kein Ort ist weiter als 100 km vom Meer entfernt. Am Ärmelkanal beträgt der Tidenhub bis zu 14 m, am Atlantik immerhin noch bis zu 6 m. Die hügelige Landschaft wird vom Bocage geprägt, einem Raster aus Wällen, Hecken, Weiden und Feldern. Die Bretagne bedeckt 27 208 km² (5 % der Landesfläche Frankreichs). Die höchsten Erhebungen sind Roc'h Ruz (385 m) nordw. Huelgoat, Roc'h Trevezel (384 m) etwas westl. und Signal de Toussaines (383 m) etwas südl. Längste Flüsse Vilaine (230 km), Blavet (151 km) und Oust (149 km). Es gibt 800 bewohnte und unbewohnte Inseln (67 % aller Inseln).

Verwaltung: Frankreich ist eine Präsidialdemokratie, deren Staatsoberhaupt auf fünf Jahre vom Volk gewählt wird. Das Parlament setzt sich aus der Nationalversammlung und dem Senat zusammen. Vier Departements bilden die Verwaltungsregion Bretagne mit der Hauptstadt Rennes. In der Region liegt die Entscheidungsgewalt bei den gewählten Mitgliedern des Conseil Régional. Über die Politik jedes Departements entscheidet ein auf sechs Jahre gewählter Conseil Général. Die Departements der Bretagne sind Ile-et-

Vilaine (Präfektur Rennes), Côtes d'Armor (St-Brieuc), Finistère (Quimper) und Morbihan (Vannes).

Politik: Die Bretagne wählt traditionell links. Bei der letzten Regionalwahl im Dez. 2015 erhielten die Sozialisten 51,41 % der Stimmen. Der rechtsextreme Front National konnte jedoch mit 18,87 % deutlich an Terrain gewinnen (2010: 6,8 %).

Bevölkerung: Mit 3 238 000 Einw. erreicht die Bevölkerungsdichte 119 Menschen pro km². Das Ungleichgewicht zwischen Küste (bis zu 200 Menschen pro km²) und innerer Bretagne (in einigen Regionen 50 Menschen pro km²) wächst. Knapp 70 % der Einwohner leben in Städten. 68,5 % der Bretonen bekennen sich zum katholischen Glauben, nur 16 % sind praktizierende Katholiken. Die Zahl der Moscheen hat sich von 2003 bis 2014 von 27 auf 53 fast verdoppelt.

Wirtschaft: Die Bretagne liegt beim Bruttosozialprodukt auf Platz 7 unter den französischen Regionen. Wichtigste Branchen sind Landwirtschaft, Fischfang (zusammen 4,5 % der Arbeitsplätze), Automobilbau, Werften (Gesamtanteil der Arbeitsplätze in der Industrie 6,8 %), Tourismus (Gesamtanteil der Arbeitsplätze im Tertiärsektor 41,8 %) und Handel (33,2 %). Die Arbeitslosenquote beträgt 8,9 % (Frankreich 10,2 %).

Im Océanopolis von Brest (oben). Piraten in einer Bar in Rennes (unten).

Locquirecs Strand Les Sables Blancs

Kapern-Sauce, gegrillte Sardinen, Dorade im Salzmantel und Wolfsbarsch mit Fenchel sind typische Fischrezepte. Den Abschluss machen ein Far aux Pruneaux (eine Art fester Puddingkuchen mit Dörrpflaumen), ein Kouign amann (Hefekuchen mit viel Butter und Zucker) oder ein Gâteau breton (Dessertkuchen mit Rumrosinen, Orangenzesten und Apfelstückchen).

Feste und Feiertage

Offizielle Feiertage: 1. Januar (Neujahr), Ostermontag, 1. Mai (Tag der Arbeit), 8. Mai (deutsche Kapitulation 1945), Pfingstsonntag, 14. Juli (Nationalfeiertag), 15. August (Mariä Himmelfahrt), 1. November (Allerheiligen), 11. November (Waffenstillstand 1918), 25. Dezember (Weihnachten)
Feste und Festivals: Der bretonische Festkalender ist lang. Die wichtigsten Daten sind:
Mai – Pardon de St-Yves in Tréguier zu Ehren des Schutzpatrons der Juristen (3. So.).
Juni – Erdbeerfest in Plougastel-Daoulas (2. So.). Überall Fest noz in der Nacht des 24. mit Sonnwendfeuern.
Juli – Pardon de la Petite Troménie in Locronan; alle 6 Jahre prachtvolle Grande Troménie (das nächste Mal 2019 am 2. So.). Les Tombées de la Nuit in Rennes; abendliche Theater- und Musikaufführungen unter freiem Himmel an drei Wochenenden. Pardon und Fest der Islandfischer in Paimpol (letzter So.). Festival de Cornouaille in Quimper; fünftägiges Folklorevolksfest mit bretonischer Musik, Kostümierung und Verköstigung (Ende des Monats). Größter Pardon der Bretagne in Ste-Anned'Auray, am 25. abends Lichterprozession, am 26. große Ste-Anne-Prozession. Apfelbaumfest

mit Cidre-Wettbewerb in Fouesnant (3. So.). Fête de la Crêpe in Gourin (15. und 16.). Fêtes historiques in Vannes, Historienspiele mit 800 Freiwilligen (13. und 14.). Les Jeudis du Port in Brest, Konzerte und Straßentheater (Mitte Juli bis Ende Aug. Donnerstagabend im Hafen).
August – Festival des Vieilles Charrues in Carhaix; das dreitägige Rockfestival ist mit 200 000 Besuchern das größte Frankreichs (3. Wochenende). Festival des Filets Bleus in Concarneau, traditionelles Volksfest vier Tage um den 20. Festival Interceltique in Lorient, Fest der Superlative im Zeichen der keltischen Musik (Anf. Aug.). Fête des Remparts in Dinan, Historienspektakel an der Stadtmauer (alle 2 Jahre am 3. Wochenende, nächster Termin 2016).
September – Pardon de Notre-Dame-duRocamadour und Segnung des Meeres in Camaret (1. So.).
Oktober – Quai des Bulles in St-Malo; Comicund Zeichentrickfestival (letztes Wochenende).
Dezember – Les Transmusicales in Rennes, Rock- und Pop-Festival.

Geld

Landeswährung ist der Euro. Kreditkarten sind überall gängiges Zahlungsmittel (Visa-, Master-, Eurocard). Mit der Bankkarte gibt es an Bankautomaten Bargeld. Banken haben nur bis 16.00 Uhr geöffnet.
Sperrung von Bank- und Kreditkarten bei Verlust oder Diebstahl (nur, wenn das ausstellende Geldinstitut angeschlossen ist, Übersicht: www.sperr-notruf.de): Tel. +49 116 16 oder +49 30 40 50 40 50. Weitere Sperrnummern für MasterCard +49 69 79 33 19 10 bzw. VISA +49 69 79 33 19 10. Wichtig für die evtl. Sperrung

ist die Kreditkartennummer, die Kontonummer und die zugehörige Bankleitzahl!

Strände

Die bretonischen Küsten bieten Bademöglichkeiten ohne Ende, allerdings nicht gänzlich ohne Gefahren. Den **Strömungen** bei einsetzender Ebbe oder Flut sind selbst geübte Schwimmer nicht gewachsen. Vorsicht also beim Muschelsuchen und Sonnenbaden auf vorgelagerten Sandbänken. Die Tourismusbüros halten Zeittafeln für den Gezeitenwechsel bereit. Viele Strände werden nur im Hochsommer überwacht. Ziehen die Rettungsschwimmer die rote Flagge hoch, bedeutet dies striktes Badeverbot. Bei Gelb heißt es bereits Vorsicht.
Oben ohne ist üblich, sollte jedoch am Dorfstrand nicht zum Dogma erhoben werden. Ganz nackt baden darf man nur an für Naturisme ausgewiesenen **FKK-Stränden**.

Telefonieren

Innerhalb Frankreichs gibt es keine Ortsvorwahl, **Rufnummern** sind immer zehnstellig. Bei Gesprächen aus dem Ausland entfällt die erste Null der zehnstelligen Nummer.
Für das Handy gilt: Für abgehende Anrufe dürfen derzeit max. 0,05 € pro Minute zusätzlich berechnet werden, eingehende Anrufe zusätzlich 0,01 € kosten. Viele deutsche Mobilfunkanbieter haben noch teurere Verbindungspreise bei ihren Vertragskunden eingestellt. Beim Mobilfunkanbieter nachhaken und im Zweifel die **günstigeren EU-Tarife** einstellen lassen! Bei längeren Aufenthalten lohnt vor Ort der Kauf einer **Prepaid-Karte**. Mit der Karte erhält man eine Nummer, unter der man erreichbar ist, ohne für ankommende Anrufe zu zahlen.
Auslandsvorwahlen: Frankreich 0033, Deutschland 0049, Österreich 0043, Schweiz 0041.

Unterkunft

Hotels: Hotels werden nach Sternen (* bis *****) eingeteilt. Die Sterne sagen in der Regel wenig über den Charme eines Hauses aus, sondern spiegeln Komfortstandards wieder – so verfügen 3-Sterne-Hotels über einen Aufzug und ein Telefon im Zimmer. Üblich sind Doppelbetten, seltener das klassische Grand Lit mit durchgehender Matratze. In der Regel gilt der Preis für das Zimmer; Alleinreisende zahlen so viel wie Paare. Zu den meisten Hotels gehört

Preiskategorien

€ € € €	Doppelzimmer	über 200 €
€ € €	Doppelzimmer	130 – 200 €
€ €	Doppelzimmer	70 – 130 €
€	Doppelzimmer	unter 70 €

Am Strand von Quiberon

über die Vereinigungen Relais & Châteaux (Luxushotels mit Charme, www.relaischateaux. com), Châteaux et Hôtels de France (Schloss- hotels und Hotels mit historischem Flair, www. chateauxethotels.com) oder Esprit de France (Schloss- und Luxushotels mit typisch franzö- sischem Charme, www.espritde-france.com). Gästezimmer im privat genutzten Schloss bietet die Vereinigung Bienvenue au Château (www.bienvenueau chateau.com).

Low Cost Hotels: Bei diesen Kettenhotels überzeugt in erster Linie der Preis. Die Häuser liegen an Autobahnen, Durchgangsstraßen oder in Industriegebieten (www.accorhotels. com). Weitere Low-Cost-Ketten sind B & B (www.hotel-bb.com) und Ibis Budget (www. ibis.com).

Chambre d´hôtes und Ferienwohnungen: Chambre d'hôte heißt die französische Vari- ante von **Bed & Breakfast.** Manche Chamb- res d'hôte gleichen Luxusunterkünften – sie nennen sich dann Chambres d'hôte de charme und haben entsprechend hohe Preise. Im schönsten Fall kommt bei der Chambre d'hôte eine Table d'hôte hinzu – die Möglichkeit, ge- meinsam mit den Besitzern und anderen Gästen zu speisen. **Ferienwohnungen** heißen Gîtes. Chambres d'hôte und Gîtes werden von folgenden Organisationen vermittelt: Je nach Lage und Ausstattung sind die Häuser von Gîtes de France mit ein bis vier Kornähren klas- sifiziert oder werden in der Edelkategorie de Charme gehandelt; die Auswahl ist nach

ein Restaurant. Einige Hotels verpflichten ihre Gäste zudem während der Hauptsaison, Halb- pension zu buchen. Teurer wird es zur Haupt- saison ohnehin (Juli und August), ebenso in Ferienzeiten oder an langen Wochenenden. Noch eine Faustregel: Je näher das Bett am Meer steht, desto höher der Preis. Das **Früh- stück** ist im Zimmerpreis in der Regel nicht inbegriffen und kostet je nach Hotelkategorie

8–30 €. Als Gast hat man die Freiheit, ein Café in der Nähe aufzusuchen, um dort den ersten Milchkaffee des Tages mit Croissant zu genie- ßen, was günstiger als im Hotel kommt. Hotel- empfehlungen finden sich auf den jeweiligen Info-Seiten.
Schlosshotels und Herrenhäuser: In vielen herrschaftlichen Gemäuern kann man als zah- lender Gast absteigen. Adressen findet man

Info

Geschichte

Um 2200 v. Chr.: Höhepunkt der Megalith- kultur. Vor allem an der Südküste werden Menhire, Dolmen, Hügel- und Steinkistengräber errichtet.
5. Jh. v. Chr.: Keltische Stämme besiedeln das Gebiet, das sie Armor, „Land am Meer", nennen.
56 v. Chr.: Julius Caesar besiegt die Veneter bei Quiberon. Fast vier Jahrhunderte bleibt die Bretagne römisch.
480: Zweite Kelteninvasion, diesmal von den britischen Inseln. Die Bretagne wird christia- nisiert.
799: Karl der Große erobert die Bretagne.
845: Nominoe, ein Enkel Karls des Großen, gründet das Herzogtum der Bretagne, das für knapp 10 Jahre zum Königreich wird.
9. und 10. Jh.: Normanneneinfälle erschüt- tern das Reich. Die königliche Macht zerfällt.
1148–1203: Das französischstämmige eng- lische Königsgeschlecht Plantagenêt versucht, die Bretagne zu vereinnahmen.
1399–1442: Goldenes Zeitalter. Das Herzogs- haus erlangt erneut königliche Weihen. Krö- nungsort ist Rennes, Residenz Nantes. Die bre- tonische Flotte zählt zu den stärksten Europas.
1491–1499: Unter Druck heiratet Anne de Bretagne Karl VIII. von Frankreich. Nach dessen

Tod heiratet sie Karls Nachfolger Ludwig XII.
1514: Nach Annes Tod heiratet ihre Tochter Claude Franz I. von Frankreich.
1532: Die Generalstände der Bretagne unter- zeichnen die Vereinigungsurkunde mit Frank- reich.
1675: Bei der Révolte du Papier timbré erhebt sich der Bauernstand gegen Steuer- erhöhungen. Paris lässt den Aufstand brutal niederschlagen.
Anfang 18. Jh.: Bretonische Häfen werden zur Drehscheibe des Sklavenhandels.
1789–1804: Im Zuge der Französischen Revo- lution steht die südliche Bretagne aufseiten der Royalisten. Die Chouans-Aufstände wer- den blutig niedergeschlagen. Die Region wird in Departements aufgeteilt.
1840: Der Kanal Nantes–Brest wird eröffnet.
1880: Unter der Führung von Gauguin entsteht in Pont-Aven eine Künstlerkolonie.
1914–1918: Im Ersten Weltkrieg fallen mit einer Viertelmillion Bretonen überdurchschnitt- lich viele Soldaten aus der Region.
1940–1945: Deutsche Besetzung. Beim Vor- marsch der Alliierten werden Städte wie Brest und Lorient durch Luftangriffe völlig zerstört.
1951: Ein Generalplan (CELIB) zur Beseitigung der wirtschaftlichen Rückständigkeit tritt in Kraft.

1964: Bei der regionalen Neugliederung Frank- reichs verliert die Bretagne das Departement Loire-Atlantique und damit Nantes.
1966: Erste Anschläge der bretonischen Be- freiungsfront. Die gewalttätigen Aktionen ge- gen die Pariser Zentralmacht halten bis in die 1970er-Jahre an.
1978: Bei der Havarie des Öltankers „Amoco Cadiz" fließen 250 000 Tonnen Rohöl ins Meer und treiben an die Nordküste.
1985: Erste zweisprachige Schilder (Bretonisch- Französisch) werden aufgestellt.
1999: Durch die Havarie des Tankers „Erika" kommt es erneut zu einer Ölpest.
2000: Bretonische Separatisten begehen Bom- benanschläge auf McDonald's-Filialen.
2002: Die vollautomatische U-Bahn in Rennes wird eröffnet.
2011: Eine durch landwirtschaftliche Überdün- gung mitverursachte Algenpest führt zur Sper- rung vieler Strände.
2013: Mit Straßenblockaden und Demonstra- tionen protestieren Bauern und Spediteure gegen die Öko-Steuer der sozialistischen Re- gierung.
2016: Bei einer erneuten regionalen Neuglie- derung Frankreichs bleibt die Bretagne in ihren Grenzen unangetastet.

Departements unterteilt (www.gites-de-france-bretagne.com). Clévacances ist eine halbstaatliche Organisation mit Chambres d'hôte und Locations (Wohnungen, Häuser) – je nach Komfort mit ein bis fünf Schlüsseln (www.clevacances.com). Fleurs de Soleil bietet vornehmlich Chambres d'hôte an; die Besitzer wohnen mit im Haus, es gibt maximal fünf Gästezimmer (www.fleursdesoleil.fr).

Camping: Vom luxuriösen Platz mit Pool, Tennisplatz und Showprogramm bis zum einfachen Camping Municipal (städtischer Campingplatz) findet jeder einen Platz nach seinem Geschmack. Oft werden neben den Zelt- und Wohnwagenstellplätzen auch Chalets und Mobilhomes angeboten. Für die Hauptsaison sollte im Voraus reserviert werden. Ausführliche Informationen unter www.campingfrance.com bzw. www.bienvenue-a-la-ferme.com für Campingplätze auf dem Bauernhof.

Jugendherbergen: Eine Auberge de jeunesse gibt es auf der Ile de Batz, in Brest, Camaret-sur-Mer bei Crozon, Concarneau, Dinan, auf der Ile de Groix, in Le Palais auf Belle-Ile, St-Martin-des-Champs bei Morlaix, St-Malo, St-Pierre-Quiberon, Rennes, St-Brieuc und Trébeurden bei Perros-Guirec. Ein internationaler Jugendherbergsausweis ist erforderlich. Verzeichnis über die Fédération Unie des Auberges de Jeunesse (FUAJ), 27, Rue Pajol, F-75018 Paris, Tel. +33 (0)1 44 89 87 27, www.hifrance.org.

Zum Weiterlesen

Mit **Inselsommer** erklärt der Prix-Goncourt-Preisträger Eric Orsenna der Bretagne seine Liebe. Eine bretonische Insel wird zur Leidenschaft, aus einem Sommer werden fünf, das Meer bindet (Hanser Verlag).

Der weiße Archipel ist Jean-Pierre Abrahams literarische Hommage an die Glénan-Inseln. Der Autor, der als junger Mann Leuchtturmwärter war, beobachtet aus der Höhe des Fort Cigogne Vögel, Menschen, Schiffe (Jung und Jung Verlag).

In Tanguy Viels **Paris–Brest** bleibt Louis, der Erzähler, bei der Großmutter in Brest. Die erbt viel Geld und eine Putzfrau … Ein böser Plan entsteht (Wagenbach Verlag).

In **Salz auf unserer Haut** erzählt Benoîte Groult die Folie à deux zwischen der Pariser Intellektuellen George und dem bretonischen Fischer Gauvain, die sich zu einem schwierig-tragischen Bund fürs Leben entwickelt (Knaur Verlag).

François René de Chateaubriands **Erinnerungen von jenseits des Grabes** sind die schwermütigen Betrachtungen eines Korsaren- und Sklavenhändlersohnes. Der Mann, dessen Grab auf einem Inselchen vor St. Malo liegt, lässt in seinem spätromantischen Hauptwerk seine Jugendjahre auf dem Schloss Combourg aufleben (Verlag Ars Vita).

Aus Victor Hugos Roman **Dreiundneunzig** sprüht das Feuer des Aufstands: Fougères 1793 – die Chouans, royalistische Gegner der Revolution, nehmen die Festungsstadt ein und liefern den Stoff für den Politroman. Hugo zeichnet als Hintergrund der Revolte ein Bild von Fougères vor 200 Jahren (Rowohlt Verlag).

Mit den Krimis **Bretonische Verhältnisse, Bretonische Brandung, Bretonisches Gold** und **Bretonischer Stolz** surft der mutmaßlich deutsche Autor Jean-Luc Bannalec erfolgreich auf der Regionalkrimiwelle (Kiepenheuer & Witsch).

Mit **Asterix und Obelix** schufen der 1977 verstorbene Texter René Goscinny und der langjährige Zeichner Albert Uderzo 1959 zwei Comicfiguren, die seither in drei Dutzend Ausgaben das Bild der Bretagne als Region der Unbeugbaren feiert (Ehapa Verlag).

Hier wird die gewaltige Kraft des Meeres mehr als spürbar: Côte de Cornouaille bei Le Guilvinec

Register

Fette Ziffern verweisen auf
Abbildungen

Impressum

1. Auflage 2016
© DuMont Reiseverlag, Ostfildern

Verlag: DuMont Reiseverlag, Postfach 3151, 73751 Ostfildern, Tel. 0711 45 02 0,
Fax 0711 45 02 135, www.dumontreise.de
Geschäftsführer: Dr. Thomas Brinkmann, Dr. Stephanie Mair-Huydts
Programmleitung: Birgit Borowski
Redaktion: Horst Keppler
Text: Klaus Simon, Köln
Exklusiv-Fotografie: Elan Fleisher, Berlin
Titelbild: Benoit Stichelbout/Nature Picture Library/Corbis (Phare d'Ar Men)
Zusätzliches Bildmaterial: DuMont Bildarchiv/Christian Heeb (S. 94, 95 u.),
iStockphoto (Illustrationen; S. 5, 20, 34, 55, 35, 39, 69, 96, 97, 101, 115), Tristan
Deschamps/getty images (S. 59), Rene Mattes/hemis.fr/getty images (S. 63),
Ludovic Maisant/hemis.fr/laif (S. 25 u.), age fotostock/look (S. 95 M.), Tina und
Horst Herzig/look (S. 31 o.), Konrad Wothe/look (S. 95 o.), Restaurant Henri et
Joseph, Lorient (S. 80), Restaurant Ty Coz, Quimper (S. 83)
Grafische Konzeption, Art Direktion: fpm factor product münchen
Cover Gestaltung: Neue Gestaltung, Berlin
Kartografie: © MAIRDUMONT GmbH & Co. KG, Ostfildern,
Kartografie Lawall (Karten für „Unsere Favoriten")
DuMont Bildarchiv: Marco-Polo-Straße 1, 73760 Ostfildern, Tel. 0711 45 02 266,
Fax 0711 45 02 10 06, bildarchiv@mairdumont.com

Für die Richtigkeit der in diesem DuMont Bildatlas angegebenen Daten –
Adressen, Öffnungszeiten, Telefonnummern usw. – kann der Verlag keine
Garantie übernehmen. Nachdruck, auch auszugsweise, nur mit vorheriger
Genehmigung des Verlages. Erscheinungsweise: monatlich.

Anzeigenvermarktung: MAIRDUMONT MEDIA, Tel. 0711 45 02 0,
Fax 0711 45 02 10 12, media@mairdumont.com, http://media.mairdumont.com
Vertrieb Zeitschriftenhandel: PARTNER Medienservices GmbH, Postfach
810420, 70521 Stuttgart, Tel. 0711 72 52 212, Fax 0711 72 52 320
Vertrieb Abonnement: Leserservice DuMont Bildatlas, Zenit
Pressevertrieb GmbH, Postfach 810640, 70523 Stuttgart, Tel.
0711 72 52 265, Fax 0711 72 52 333,
dumontreise@zenit-presse.de
Vertrieb Buchhandel und Einzelhefte: MAIRDUMONT
GmbH & Co KG, Marco-Polo-Straße 1, 73760 Ostfildern, Tel.
0711 45 02 0, Fax 0711 45 02 340
Reproduktionen: PPP Pre Print Partner GmbH & Co. KG, Köln
Druck und buchbinderische Verarbeitung: NEEF +
STUMME premium printing GmbH & Co. KG, Wittingen,
Printed in Germany

FSC
www.fsc.org
MIX
Papier aus ver-
antwortungsvollen
Quellen
FSC® C001857

Vorschau

Vor der Kulisse des Rijksmuseum in Amsterdam lässt sich bei Sonnenschein herrlich verweilen.

Geradezu magisch wirken Norwegens Landschaften, unberührte Natur findet man hier allerorten.

Norwegen
Süden

Nordischer Glanz
Oslo – die kleinste Kapitale Skandinaviens – hat sich soeben mit moderner Architektur und viel Kunst neu erfunden.

Norwegen komprimiert
Bergen ist idealer Ausgangspunkt für kurze Touren mit Zug, Bus oder Boot ins Umland, wir stellen Ihnen die schönsten vor.

Tafeln mit Traumblick
Das Schöne an unseren Lieblingsrestaurants ist, hier erwartet Sie nicht nur eine gute Küche sondern auch ein sensationelles Meer-, Berg- oder Stadtpanorama.

Niederlande

Pulsierende Metropolen
Den Haag, Rotterdam und vor allem Amsterdam imponieren mit eindrucksvollen Altstädten und herausragender moderner Architektur, vor allem aber mit einer quicklebendigen Szene.

Freiheit in einem kleinen Land
Tolerante Drogenpolitik, aber auch viele Stimmen für Rechtspopulisten – wie liberal sind die Niederlande wirklich?

Übernachten mal anders
Haben Sie schon einmal in luftiger Höhe auf einem Kran übernachtet, in einem Baumhaus oder einem Leuchtturm? Einfach mal ausprobieren!

www.dumontreise.de

Lieferbare Ausgaben